Prof. dr. Pieter Klaas Jagersma

Internationalisatie

Stof tot nadenken

© 1999/2018   INSPIRATION PRESS (2018 edition)

ISBN   90-361-0019-4

NUGI   681

<u>Aan</u>

Klaas Jagersma

Mijn vader en mentor

VOORWOORD

Het op gezette tijden werpen van een blik in het verleden kan heel plezierig en leerzaam zijn. Ook voor een publicist is het goed bij tijd en wijle achterover te leunen en terug te blikken op hetgeen 'uit de pen is gerold'. Ook ik heb dat enige tijd geleden gedaan, vooral om een aantal inzichten en opvattingen nog eens in een samenhangend perspectief te plaatsen (en hier en daar nog wat aan te scherpen).

Dit boek is een optelsom van respectievelijk opvattingen over mijn vakgebied - International Management -, explorerend, beschrijvend en voorschrijvend *research* naar de 'ins' en 'outs' van het verschijnsel 'internationalisatie' in al haar verschijningsvormen alsmede diverse columns over allerlei onderwerpen die vanzelfsprekend te maken hebben met het vak International Management.

Zowel verhalende, analytische, conceptuele als opiniërende hoofdstukken passeren de revue. Dat maakt het een afwisselend (en daardoor plezieriger te consumeren) boek. Het blijft per slot van rekening een vakinhoudelijk boek met alle (hoewel gedoceerd) jargon van dien.

Het boek bestaat uit 15 hoofdstukken 'met een boodschap'. De verschillende op zichzelf staande hoofdstukken zijn in vijf 'delen' ondergebracht: 'Algemeen' (deel I), 'Onderzoek' (deel II), 'Bedrijfstakken' (deel III), 'Multinationale ondernemingen' (deel IV) en 'Columns' (deel V).

De centrale boodschap van deel I is: het vakgebied International Management is nog steeds niet de 'adolescentiefase' ontgroeid. Deel II probeert het 'decor' te schetsen van enkele interessante toneelstukken die veel publiek trekken: de 'run' op China en de opkomst van het fenomeen 'internationaal venture management'. Voorts is in deel II geprobeerd aan de hand van een omvangrijk onderzoek inzicht te krijgen in het internationalisatieproces van dienstenondernemingen in het algemeen en grote uitgevers, banken en verzekeraars in het bijzonder. De boodschap van dit laatste hoofdstuk: 'Er zijn vele wegen (bedrijfsstrategieën) die naar Rome (een succesvol buitenlandbedrijf) leiden'.

In deel III gaan we dieper in op de rol van het verschijnsel 'internationalisatie' in uiteenlopende bedrijfstakken. De volgende bedrijfstakken zijn in dit verband onder de loep genomen: het bankwezen, het organisatieadvieswezen en de zuivelindustrie. De boodschap van deel III: de voortgaande internationalisatie van bedrijfstakken leidt tot vele mogelijkheden maar minstens zoveel bedreigingen. Succesvol internationaliseren (let wel in welke bedrijfstak dan ook) impliceert in eerste instantie anticiperen op grensoverschrijdende ontwikkelingen. De concurrentiestrijd is in toenemende mate *grenzeloos* en *grensloos*. De winst is (zoals zo vaak) vooral in de voorbereiding te behalen. Het doen van onderzoek en het schrijven van export- en internationalisatieplannen is dan ook bepaald geen overbodige luxe.

In deel IV zetten we twee Nederlandse multinationals pur sang tegenover elkaar: Fokker en Ahold. Het eerste bedrijf is een mooi voorbeeld van hoe het in het mondiale strijdgewoel *niet* moet; het tweede bedrijf laat ons tot op de dag van vandaag zien hoe het in internationaal opzicht juist wel moet. De cases zijn illustratieve (en naar mijn mening treffende) uitersten van een continuüm dat loopt van zeer succesvol internationaal management (Ahold) tot 'hoe heeft dat toch in hemelsnaam kunnen gebeuren' (Fokker).

Deel V omvat enkele korte hoofdstukken. In ieder hoofdstuk wordt kritisch op een willekeurig bedrijfskundig onderwerp (met een internationale reikwijdte wel te verstaan) ingezoomd. De diversiteit van dit afsluitende deel zegt veel over de vakinhoudelijke voorliefde van schrijver dezes. De helikopterview wordt voortdurend toegepast en dat (nogmaals) binnen de grenzen van het vakgebied International Management. Het boek is opgedragen aan Klaas Jagersma, mijn vader. Hij heeft 'in de aanloopfase' een belangrijke bijdrage geleverd aan de wijze waarop ik het vak International Management beoefen. Ik wens u veel lees- en studieplezier toe.

Prof. dr. Pieter Klaas Jagersma
Zomer 1999 / Winter 2018

INHOUDSOPGAVE

Deel IV Multinationale ondernemingen

Deel V Columns

Deel I
Algemeen

1
INTERNATIONAAL MANAGEMENT IN NEDERLAND

Over het wetenschappelijk gehalte van het vakgebied International Management wordt in Nederland opvallend weinig gediscussieerd, terwijl veel reeds gegenereerde inzichten nog steeds een solide fundering moeten ontberen. International Management heeft veel weg van een megadiscipline, een paraplu waaronder vele andere sub-disciplines vakinhoudelijk schuilen. Dat maakt het buitengewoon lastig om van wetenschappelijke progressie te spreken, omdat de progressie in het bijzonder betrekking heeft op het uitdijen van het vakgebied in de breedte en niet in de diepte. De robuustheid van de reeds genereerde inzichten, die slechts sporadisch worden getoetst, neemt daardoor niet toe. Dat is natuurlijk nogal merkwaardig. We zijn als beoefenaren van het vak al twintig jaar met de grondverf bezig en we zijn nog steeds niet aan de daarop aan te brengen lakverf toegekomen. Ik heb zelf weleens het gevoel dat we nog steeds intensief met tubes vulmiddel in de weer zijn. Dat stemt een onderzoeker niet altijd even vrolijk.

Theorievorming

Er zijn vele wegen die naar Rome leiden. Het vakgebied International Management verschilt in dat opzicht niet van andere vakgebieden. Waarin International Management wel verschilt van andere vakge-bieden is zijn 'gelaagdheid'. International Management bestaat uit meerdere lagen die op verschillende manieren tot stand zijn gekomen. International Management omvat zowel macro-economische, meso-economische als micro-economische kennis. Juist de gelaagdheid van de discipline maakt het moeilijk over de inhoud en de progressie van het vakgebied te communiceren respectievelijk te discussiëren.

De kennisboom uit het International Management bestaat uit een brede stam - zogenaamde klassieke internationalisatietheorema's - en diverse takken - moderne internationalisatietheorema's.

De klassieke internationalisatietheorieën zijn voortgekomen uit de theorie van de internationale handel. De drie fundamenten van de traditionele theorie van de internationale handel zijn de theorie van het absolute voordeel van Adam Smith, de theorie van het comparatieve voordeel van David Ricardo en de 'Heckscher-Ohlin-Samuelson'-theorie. Bekende moderne internationalisatietheorema's zijn de 'product-cycle'-theorie van Vernon, het 'Hymer-Kindleberger'-paradigma, het 'oligopolistische competitie'-model van Knickerbocker en Graham, de op de transactiekostenbenadering gebaseerde 'internalisatietheorie' en de 'eclectische theorie' van Dunning [1].

Het toepassingsbereik van de klassieke internationalisatietheorema's is beperkt. Dat heeft voor een belangrijk deel te maken met de methode van de toenemende abstractie. De klassieke theorieën zijn op een zeer hoog abstractieniveau geformuleerd en lijken - wellicht met uitzondering van de theorie van het comparatieve voordeel - vandaag de dag eerder een ceremoniële dan een reële toegevoegde waarde te hebben. De klassieke theorieën hebben veel weg van ideaaltypen waarbij van miniscule complexiteiten en 'empirische verstoringen' wordt geabstraheerd. De theorieën gaan voorts uit van onrealistische veronderstellingen en houden geen rekening met de factor diensten en immateriële produktiefactoren als kennis en ervaring. De klassieke theorieën zijn de afgelopen decennia dan ook voortdurend empirisch weerlegd dan wel in gerede twijfel getrokken.

De moderne internationalisatietheorieën bieden ons aanmerkelijk meer houvast. Zij hebben een toepassingsbereik dat zich uitstrekt van meso-economische internationalisatietheorema's - theorema's die in het bijzonder betrekking hebben op het analytische niveau van de bedrijfs-tak - tot micro-economische internationalisatietheorema's - theorema's die geformuleerd zijn op het niveau van de internationaliserende onderneming.

De moderne internationalisatietheorema's benadrukken bijna allemaal expliciet dan wel impliciet het belang van het verschijnsel economische mededinging, zijn met name geboetseerd rondom het internationale expansie- en contractiegedrag van zeer grote ondernemingen, zijn in de regel eenvoudig van snit en daardoor gemakkelijk te doorgronden en zijn niet getoetst aan de hand van uitgebreide databanken waarin Nederlandse ondernemingen een hoofdrol spelen.

De klassieke en moderne internationalisatietheorieën hebben met elkaar gemeen, dat de rol van individuele bedrijfseenheden en het management respectievelijk de individuele manager niet worden meegenomen. Dat is naar mijn mening nogal merkwaardig, want internationaliseren is immers bovenal mensenwerk en heeft vaak via internationale bedrijfseenheden plaats. Op de automatische piloot internationaliseren in een cultuurvreemde omgeving is er dan ook niet bij. Dit is een opvallende leemte in de moderne theorievorming.

Blinde vlekken

Hoewel Nederlandse ondernemingen al enkele eeuwen achtereen internationaal actief zijn, is de vakinhoudelijke aandacht voor internationalisering en de professionele neerslag daarvan merkwaardigerwijs nooit echt van de grond gekomen. Ik ben mede daarom van mening dat we in Nederland nog steeds in het embryonale stadium van het vakgebied International Management verkeren.

Deze stellingname vereist natuurlijk een nadere onderbouwing. Een beknopte *tour d'horizon* biedt hier uitkomst. Ik beperk me tot tien mijns inziens belangrijke, vooral methodologisch getinte blinde vlekken. Er zijn namelijk veel meer, ook andersoortige blinde vlekken te onderkennen.

1. *Er is in het vakgebied International Management sprake van een ware 'babylonische spraakverwarring'.*
Al vele jaren achtereen vliegen ons de 'etiketten' om de oren: 'internationalisatie', 'globalisatie', 'multinationalisatie', 'a-nationalisatie', 'transnationalisatie' en wat dies meer zij. Als je als manager nog niet horendol bent, dan word je het wel na het horen van dergelijke indrukwekkende quasi-synoniemen, waarbij het leggen van de juiste klemtoon vaak al een uitdaging op zich is. Een vakgebied dat zichzelf

serieus neemt respectievelijk serieus wordt genomen zal te allen tijde het voornoemde vraagstuk moeten hebben aangevat en opgelost.

2. *Er is in het vakgebied International Management sprake van een oriëntatie op allerlei op zichzelf interessante analytische niveaus - respectievelijk het land, de bedrijfstak en de multinationale onderneming -, maar zelden op de meest relevante analytische niveaus, te weten de van een multinationale onderneming deel uitmakende internationale bedrijfseenheden en de managers die handen en voeten moeten geven aan het internationalisatievraagstuk.*

3. *International Management wordt gekenmerkt door een overdreven concentratie op Amerikaanse opvattingen.*
De allesoverheersende Amerikaanse researchpraktijk is een lastige vorm van methodologische vertekening, omdat daardoor wordt gesuggereerd dat de resultaten en conclusies van de Amerikaanse praktijk zondermeer van toepassing zouden zijn op multinationale ondernemingen afkomstig uit dan wel actief in andere landen respectievelijk werelddelen. En dat, terwijl uit uiteenlopend onderzoek (denk aan het fameuze onderzoek van Geert Hofstede) is gebleken dat vooral de factor cultuur in internationaal opzicht niet over een kam geschoren kan, mag en dus moet worden [2].

4. *In het International Management is er sprake van eenzijdige aandacht voor industriële ondernemingen in plaats van een evenwichtige bestudering van zowel industriële als dienstenondernemingen die internationaal actief zijn.*
Het is zeer de vraag of de naar aanleiding van het onderzoek van industriële multinationale ondernemingen gevonden inzichten ook gelden voor multinationale dienstenondernemingen - kortom: een extern valideringsvraagstuk.

5. *In het vakgebied International Management is er sprake van een eenzijdige aandacht voor grote tot zeer grote multinationale ondernemingen.*
Het MKB wordt in het International Management vrijwel geheel genegeerd.

6. *Het kopiëren van inzichten uit andere economische en niet-economische wetenschappelijke disciplines is in het International Management aan de orde van de dag.*

International Management speelt voortdurend leentjebuur bij andere wetenschappelijke (in het bijzonder economische/bedrijfskundige) subdisciplines. Door deze 'traditie' wordt het risico gelopen van een weinig samenhangende wetenschappelijke discipline zonder een eigen, in kennistheoretisch opzicht onderscheidende identiteit.

7. In het International Management ligt de nadruk op kwalitatief in plaats van op kwantitatief onderzoek.
Het vakgebied International Management wordt in sterke mate gedomineerd door kwalitatieve onderzoeksmethodologieën als de *survey*, het actieonderzoek, het evaluatieonderzoek, het vergelijkende onderzoek en de gevalstudie - beter bekend als *case study*. Vooral de laatste onderzoeksstrategie staat het International Management ten dienste.

Het is zaak hier langer bij stil te staan, omdat het methodologisch instrumentarium voor een belangrijk deel bepaalt of kennis een zeker wetenschappelijk gehalte heeft of niet:

- Hoewel de *case study* een volwaardige onderzoeksstrategie is, kunnen hier en daar de nodige kanttekeningen worden geplaatst. Zo is de *case study* een onderzoeksstrategie met een relatief flexibel *researchdesign*. Dit biedt de mogelijkheid gedurende het onderzoek van ontwerp te veranderen, dan wel omvangrijke veranderingen in het ontwerp door te voeren. Het verwijt 'met een *case study* kun je met alle winden meewaaien' komt dan ook niet uit de lucht vallen.

- Ook is de *case study* in de regel zeer specifiek, waardoor specifieke kennis betreffende het functioneren van multinationale ondernemingen wordt gegenereerd. De crux is dan in hoeverre kennis, gegenereerd door toepassing van een *case study*, representatief, valide en betrouwbaar is. Vooral het externe valideringsvraagstuk speelt in dit verband een rol van niet te onderschatten betekenis. Immers, in hoeverre zijn onderzoeksresultaten generaliseerbaar naar andere personen, organisaties, tijden of plaatsen - alle zaken die vooral in het vakgebied International Management een belangrijke rol spelen.

- De *case study* maakt doorgaans louter en alleen gebruik van kwalitatieve gegevens. Het veelal afwezig zijn van kwantitatieve gegevens wreekt zich hier. Kwantitatieve gegevens kunnen er juist voor zorgen dat onderzoekers zich niet mee laten slepen door het nu eenmaal voor meerdere uitleg vatbaar zijn van veel kwalitatieve gegevens. Theoretische inzichten die louter en alleen in kwalitatieve gegevens zijn ingebed komen het verklarend en voorspellend vermogen van een wetenschappelijke discipline veelal niet ten goede.

8. *International Management heeft een gebrek aan empirische wortels.*
De boom der kennis staat er om diezelfde reden in mineur bij. De uitdaging waarvoor de beoefenaren staan kan niet in een handomdraai in een door ons allen gewenste richting worden omgebogen.

9. *International Management is een verzameling inzichten met een sterk anekdotisch karakter.*
Dit anekdotische karakter wordt veroorzaakt door de fragmentarische opzet van veel onderzoeken. Te vaak belichten ze slechts één dimensie van een in de praktijk dikwijls niet op zichzelf staand vraagstuk.

10. *International Management is een vakgebied waarin het signaleren en illustreren centraal staat in plaats van het verklaren en voorschrijven.*
Het dominante gebruik van de *case study* heeft ook een ander, op zijn minst 'storend' bijgevolg. De middels *case studies* gegenereerde theoretische inzichten zijn vooral descriptief van aard, met alle gevolgen van dien voor het 'domein' van de inzichten. De aan de hand van *case studies* opgedane beschrijvende inzichten inzake het exportgedrag van middelgrote ondernemingen in Nigeria kunnen hoogst zelden als leidraad fungeren voor de inhoudelijke ontwikkeling van het vak.

Conclusie

Wat kan een Nederlandse onderzoeker/wetenschapper eigenlijk nog toevoegen aan een vakgebied dat we als BV Nederland - afgaande op de indrukwekkende populatie van toonaangevende multinationale ondernemingen - na enkele eeuwen zo langzamerhand weleens onder de knie zouden moeten hebben? Bovendien, behoort de BV Nederland niet tot de eredivisie van landen waar het wat betreft de internationale geöriënteerdheid goed toeven is? Dat het woord 'internationalisatie' het wachtwoord is van de toekomst, weten we toch al lang?

Mijn visie is een geheel andere. Het verklaart de kritische insteek van dit hoofdstuk. Wat is de stand van zaken met betrekking tot het vakgebied International Management in Nederland en - in het verlengde daarvan - mogen we inmiddels spreken van een 'kunde' of zullen we ons moeten behelpen met het woord 'kunstjes'? Laten we het vooralsnog houden op een overgang van een verzameling kunstjes naar een kunde.

Er liggen thans vele researchuitdagingen op het schap. De stand van zaken wat betreft de researchpraktijk in Nederland is zondermeer bedroevend te noemen. Het vakgebied International Management in het algemeen en Exportkunde in het bijzonder kent in Nederland geen 'scholen' - een teken aan de wand - en daarom geen fundamentele discussies die middels repetitief en kwantitatief onderzoek onderbouwd moeten worden. Het wordt tijd dat we de handen uit de mouwen gaan steken [3].

Noten

[1] Zie voor een beknopte uitleg: P.K. Jagersma, "Internationaal Management", Stenfert Kroese/Educatieve Partners Nederland, Houten, 1996.

[2] G. Hofstede, "Cultures Consequences: International Differences in Work Related Values", Sage, Londen, 1980.

[3] P.K. Jagersma, "Internationaliseren. Van economies of scale via economies of scope naar economies of skills", oratie uitgesproken bij de aanvaarding van het ambt van buitengewoon hoogleraar op de ABN Amro leerstoel International Management in het bijzonder de Exportkunde aan de Universiteit Nijenrode op 23 oktober 1997.

2
GLOBALISATIE: KRITIEK OP KRITIEK

Eén van de gevoeligste debatten van de afgelopen jaren speelt zich af rondom het begrip 'globalisering'. De aanval van sceptici - ingezet vanaf het begin van de jaren negentig - is frontaal en op zijn minst ongenuanceerd. Volgens sommigen berust het fenomeen globalisering op een hardnekkig misverstand [1]. Punt.

Laten we daar een puntkomma van maken. Ik ben een andere mening toegedaan maar zal voordat ik nader inga op mijn opvattingen daaromtrent eerst ingaan op het begrip 'globalisering'. Vervolgens zal ik de opvattingen van de aanhangers van de globalisatiethese behandelen. Daarna passeert de kritiek van de sceptici de revue. De onderbouwing van hun kritiek is niettemin op haar beurt weer aan kritiek onderhevig en daarmee staat ook de kritiek op losse schroeven. Mijn opvattingen daaromtrent completeren dit onderhoudende onderwerp.

Globalisatie

Wanneer het begrip 'globalisering' precies is geïntroduceerd is niet bekend. Wat we wel weten is dat het vooral vanaf de tweede helft van de jaren tachtig door ex-McKinseyaan Ohmae is gepopulariseerd [2]. Kenichi Ohmae was de mening toegedaan dat het woord 'nationaliteit' geen eeuwigheidswaarde had. De inzichten die Ohmae via zijn werk bij McKinsey&Company had opgedaan wilde hij op de politieke situatie in Japan - die in het midden van de jaren tachtig reeds hopeloos verkokerd was - toepassen. Voor hem stond vast dat in politiek opzicht de klassieke organisatie-eenheid - de nationale staat - op de helling moest. Globalisering was voor hem een proces waarbij het steeds minder belangrijk werd nationale grenzen expliciet als variabele bij het construeren van bedrijfs- of overheidsbeleid mee te nemen. De mondiale handelsliberalisering en de snelle opkomst van informatie- en communicatiemedia met een hoge IT-dichtheid fungeerden als plezierige wind in de rug.

Een andere consultant annex bedrijfswetenschapper, Harvard hoogleraar Michael Porter, definieert globalisering op een meer 'enge' manier [3]. Porter beperkt zich in zijn beschouwingen tot het vanuit een meso-economische invalshoek uiteenzetten van de betekenis van 'globalisering'. Porter ziet in dit verband een 'globale' bedrijfstak als een bedrijfstak, waarin de concurrentiepositie van een onderneming in een land in belangrijke mate wordt beïnvloed door haar concurrentiepositie in een ander land.

In Nederland zien we globalisering vooral als een verschijnsel met significante gevolgen voor het verdelen van de bedrijfsactiviteiten. De discussie in Nederland is sterk door het werk van Andriessen, ex-minister van Economische Zaken, beïnvloed. Hij schreef in zijn ambtsperiode samen met een van zijn ambtenaren, Van Esch, de invloedrijke notitie 'Globalisering: een zekere trend'. In de opvattingen van Andriessen zien we het gedachtengoed van Porter terugkomen. Dat het door hem georganiseerde economiedebat over het fenomeen 'globalisering' niet het gewenste effect had, had alles te maken met verschillende door elkaar heen lopende en elkaar oproepende discussies [4].

Iedere internationaal actieve onderneming heeft een bedrijfsketen die in verschillende tamelijk homogene stukjes 'geknipt' kan worden. Internationaal actieve ondernemingen worden vaker dan voorheen gedwongen op zoek te gaan naar de meest efficiënte en effectieve keten van activiteiten. Gevolg: internationaliserende ondernemingen die blijvend speuren naar de in geografisch opzicht optimale allocatie van door hen uit te voeren activiteiten.

De rechterhoek ...

In Nederland is Ruud Lubbers (sinds september 1995 hoogleraar 'Globalisatie van economie en samenleving' aan de Katholieke Universiteit Brabant) tot nog toe het lijdend voorwerp geweest van de discussie die in Nederland wordt gevoerd over de actualiteit van het verschijnsel globalisering. Lubbers omarmt een brede definitie van globalisering. Globalisering is naar zijn opvatting 'een versnelling in het wereldwijd worden en maken' [5]. Deze versnelling is volgens Lubbers het resultaat van het sterk op elkaar inspelen van verschillende deelvormen van globalisering (dus niet alleen de voortgaande economische mondiale integratie) [6].

Lubbers hanteert een breed penseel bij het schilderen van zijn doeken. Daardoor is de nuance weleens zoek. Serieuzer is de kritiek dat hij zijn inzichten niet kwantitatief heeft ingebed. Lubbers heeft daar zelf eens (op 7 maart 1996 in het kader van Intermediairs Amstelkringen) het volgende over gezegd: "Die cijfers zijn allemaal belangrijk, omdat ze de kwantiteit van processen in kaart brengen. Maar dat is voor mij niet het wezenlijke. Het kwalitatieve zit hem naar mijn idee in de intensiteit van de frictieverschijnselen en van de tegeneffecten" [7]. Ook tijdens zijn oratie ging Lubbers niet dieper op dit vraagstuk in [8]. Lubbers kwalificeert vooralsnog en komt nog niet toe aan het kwantificeren van de door hem geschetste ontwikkelingsgang.

De uitdaging waar Lubbers voor staat is duidelijk. Het feit dat hij zich begeeft op de meer beleidsgetinte zijde van het economische speelveld maakt de uitdaging bepaald niet gemakkelijk aan te vatten. *Political economy* is als een gletsjer: het kost doorgaans veel moeite je staande te houden. Dat Lubbers tijdens discussies zijn hakken in het ijs zet is dan ook begrijpelijk. Toch zal ook hij in beweging moeten blijven. Het klimaat waar hij vakinhoudelijk mee wordt geconfronteerd nodigt nu eenmaal niet uit tot stilstaan.

Concluderend kunnen we stellen dat Lubbers ons met over het water heen scherende en fluitende stenen in de maag splitst. Het globalisatiedebat heeft echter meer behoefte aan een paar forse plonsen.

De linkerhoek ...

Die 'plonsen' zijn wel afkomstig uit de hoek van de critici. Veel inzichten worden door de critici als achterhaald gezien en de onderzoekers (inclusief Lubbers) die deze inzichten genereren wordt impliciet te kennen gegeven dat ze beter naar een andere baan op zoek kunnen gaan [9]. Globalisering is een gedachtenconcept, dat de laatste halte der gedachte nog niet is gepasseerd; een - hoewel aantrekkelijk verpakte - fata morgana.

Naast internationale critici kunnen ook Nederlandse critici worden onderscheiden, van wie Winfried Ruigrok en Rob van Tulder de bekendste exponenten zijn [10]. Ook Kleinknecht stelt dat globalisering niet bestaat. In opdracht van het Nederlands Forum voor Techniek en Wetenschap bestudeerde het Economisch en Sociaal Instituut (geleid door Kleinknecht) in 1996 het veelbesproken verschijnsel. Kleinknecht - die in zijn studie gebruik maakt van cijfermateriaal van de Europese Commissie, het IMF en het CBS - haalt zijns inziens het heilige huisje globalisering omver. Grensoverschrijdend opereren heeft volgens Kleinknecht bovenal betrekking op de grensoverschrijdende transfer van goederen, diensten en kapitaal binnen (en niet tussen) de drie grote handelsblokken (Europese Unie, Noord-Amerika en Zuidoost-Azië). Zijn finale conclusie: globalisering is regionalisering; globalisering bestaat niet.

Ruigrok en Van Tulder, Kleinknecht en ook criticaster Went huldigen opvattingen en uitgangspunten die sterk overeenkomen met die van de internationale critici en kunnen in die hoedanigheid in dezelfde categorie worden geplaatst [11]. Naar mijn mening zijn vooral de opvattingen van Ruigrok en Van Tulder illustratief voor het oerwoud aan geleverde kritiek. Zij concentreren zich in hun beschouwingen in het bijzonder op de internationale activiteiten van ondernemingen, het mijns inziens meest correcte analytische vertrekpunt. De opvattingen van Kleinknecht zijn sterk macro-economisch getint, terwijl de opvattingen van Went een ideologisch en prescriptief karakter hebben. Ik zou bij de inzichten van in het bijzonder Ruigrok en Van Tulder vier opmerkingen annex kanttekeningen willen plaatsen.

- De kritiek van Ruigrok en Van Tulder is eenzijdig. Je krijgt bij het lezen van hun publicaties sterk de indruk dat ze de resultaten van hun eigen onderzoek op een wel heel eenzijdige manier interpreteren, terwijl het door hen verrichte onderzoek in sterke mate last heeft van methodologische vertekening. De bulk van de uitspraken van Ruigrok en Van Tulder wordt gebaseerd op een onder de honderd grootste multinationale ondernemingen ter wereld uitgevoerd onderzoek. Een dergelijk selectief steekproefkader verlangt enige vorm van terughoudendheid bij het trekken van conclusies. De conclusies zijn in dergelijke omstandigheden fragiel en behoeven in ieder geval vervolgonderzoek. Uit onderzoek dat ik zelf heb verricht is bijvoorbeeld gebleken dat de omvang van een multinationale onderneming in sterke mate van invloed is op de keuze voor een bepaalde ondernemings-, internationalisatie- en concurrentiestrategie [12]. Ook het organisatievraagstuk (de internationale verdeling van de activiteiten) wordt in belangrijke mate bepaald door de omvang van een multinationale onderneming, hetgeen weer van invloed is op de aard van de grensoverschrijdende initiatieven (al dan niet globalisatie) [13].

• De conclusies van Ruigrok en Van Tulder liggen overduidelijk in het verlengde van hun steekproefkader. Zij stellen op basis daarvan zonder blikken of blozen dat globalisering niet bestaat. Kijkend naar alleen al de top van het mondiale organisatieadvieswezen zet dit aan tot denken. De grotere organisatieadviesbureaus zijn mondiale ondernemingen ('global firms') in de meest zuivere zin van het woord. Dat verschillende grote bureaus nog een omzetzwaartepunt hebben spreekt mijns inziens voor zich. Ieder bedrijf heeft wortels en die zitten nu eenmaal ergens in de grond. Dat er bij de grotere consultancies sprake is van een glijdende schaal is niettemin duidelijk. De historie van bijvoorbeeld McKinsey&Company, Booz-Allen&Hamilton, AT Kearney, Monitor Company, Boston Consulting Group, Andersen Consulting, KPMG Management Consulting (inclusief alle loten die zich aan die stam bevinden), Ernst&Young et cetera spreekt voor zich. Marvin Bower, de visionair die McKinsey&Company deels heeft gemaakt tot wat het thans is, beschrijft in een van zijn boeken (nota bene in 1979) haarfijn en onderhoudend hoe McKinsey& Company de sprong van een nationaal bedrijf via een internationaal en 'regional firm' tot 'global firm' heeft gemaakt [14]. Tom Kearney, Ed Booz, Bruce Hendersen, Michael Porter en hun discipelen hebben met respectievelijk AT Kearney, Booz-Allen&Hamilton, Boston Consulting Group en Monitor Company precies dezelfde strategie gehanteerd. Globalisatie is het eindstation van een traject dat loopt van lokaal actief via nationaal, internationaal, 'regional' naar 'global' actief zijn. Veel ondernemingen die bijvoorbeeld niet tot de steekproef van Ruigrok en Van Tulder behoren stevenen in sneltreinvaart af op het eindstation 'globalisatie'.

Ook in het hotelwezen kunnen verschillende 'globale' ondernemingen worden onderscheiden. Een mooi voorbeeld kwam ik enkele weken geleden nog tegen in *The Economist*. Daarin stond een advertentie van een internationale hotelketen met als onderschrift *While everyone was debating the idea of the Global Village, we were building it*. Ik kan zo nog wel even doorgaan. De vraag is doorgaans niet of men het eindstation 'globalisatie' bereikt, maar wanneer dit eindstation wordt bereikt. Critici als Ruigrok en Van Tulder concentreren zich op tussenstations en nemen zelden de moeite om verder te kijken. Hun analyses zijn statisch, niet dynamisch en daarmee onvolkomen. Het verklaart mede het hoge beschrijvende (en daarmee weinig bruikbare) gehalte van de opvattingen van de critici. Ruigrok en Van Tulder hebben slechts enkele ondernemingen uit industriële bedrijfstakken uit enkele landen onder de loep genomen. De grootste multinationale ondernemingen ter wereld bivakkeren overwegend in overeenkomstige, doorgaans research-intensieve bedrijfstakken (chemie, olie, automotive et cetera). Het door Ruigrok en Van Tulder (maar ook overige critici) aangezwengelde globalisatiedebat (en de gevolgen daarvan) concentreert zich geheel op industriële bedrijfstakken, alsof alleen industriële ondernemingen te maken hebben met grensoverschrijdende en multi-marktconcurrentie. Dienstenondernemingen worden zelden meegenomen in het onderzoek van de critici. Het is voorts nog maar de vraag of verschillende industriële bedrijfstakken op een overeenkomstige manier met de globalisatie-uitdaging omgaan. Op het 'hoe en waarom' daarvan moeten we vooralsnog het antwoord schuldig blijven. Onderzoek, uitgevoerd op een meer gedesaggregeerd niveau is noodzakelijk, maar nog niet *en masse* uitgevoerd.

- Ruigrok en Van Tulder (alsmede collega-critici) maken zich herhaaldelijk schuldig aan dat wat ze zelf verafschuwen, te weten de verwarring die op het niveau van de terminologie plaatsheeft. Zelf tappen ze echter voortdurend uit hetzelfde vaatje. De begrippen internationalisering, globalisering en multinationalisering worden bijvoorbeeld voortdurend door elkaar gebruikt, terwijl het toch echt om inhoudelijk verschillende begrippen gaat. Laat ik over dit laatste punt het volgende zeggen. Er bestaat nog (steeds) geen overeenstemming over de inhoudelijke betekenis van de woorden 'globalisatie', 'multinationalisatie', 'internationalisatie', 'a-nationalisatie', 'transnationalisatie' en wat dies meer zij. Het correcte antwoord op de discussie aangaande de geldigheid van globalisering is dus niet 'het verschijnsel bestaat niet', of 'het is een mythe', maar 'er bestaat nog steeds geen overeenstemming over de inhoudelijke betekenis van het begrip in kwestie'.

- De Nederlandsche Bank (DNB) concludeert terecht dat globalisering geen nieuw fenomeen is, "omdat in vrijwel alle geïndustrialiseerde landen de buitenlandse handel en de directe investeringen reeds decennialang sneller toenemen dan het bruto binnenlands produkt (bbp)" [15]. Uit cijfermateriaal van DNB blijkt dat het overgrote deel van de Nederlandse internationale handel plaatsheeft met EU-landen. Er vinden desalniettemin enkele interessante ontwikkelingen plaats: de internationale handel van Nederland met de opkomende economieën uit Azië en Oost-Europa neemt in de jaren negentig snel toe en de omvang van de directe buitenlandse investeringen is vanaf het begin van de jaren negentig eveneens zeer snel toegenomen. Globalisatie is ook volgens het cijfermateriaal van DNB een proces dat zich langzaam - maar trefzeker - in het Nederlandse (industriële) bedrijfsleven aan het voltrekken is [16].

Conclusie

Critici als Ruigrok en Van Tulder baseren hun nogal uitgesproken oordeel op een beperkt aantal multinationale ondernemingen, afkomstig uit een beperkt aantal landen en opererend in een beperkt aantal industriële bedrijfstakken. Het - bovendien cross-sectie - onderzoek is derhalve in methodologisch opzicht op z'n zachtst gezegd 'kwetsbaar'.

De conclusies zijn door de cross-sectie methodologie momentgebonden en beperken zich wat betreft hun toepassingsbereik tot een beperkt stratum van economische subjecten. Derhalve hebben ze een hoog voorlopigheidsgehalte voor andere strata. Het inachtnemen van de nodige bescheidenheid strekt in dergelijke gevallen tot aanbeveling. Op basis van niet-representatieve steekproeven worden boude uitspraken gedaan die inmiddels tot stigmatisering hebben geleid - een naar mijn mening weinig professionele (laat staan wetenschappelijke) praktijk.

Het begrip 'globalisering' is voor meerdere uitleg vatbaar. Het dekt nog steeds een onduidelijke lading. Het 'echte' globalisatiedebat kan echter naar mijn stellige overtuiging pas gevoerd worden als we meer onderzoek hebben verricht naar de 'ins' en 'outs' van dit interessante verschijnsel dat sinds enkele jaren weinig tongen en toetsenborden onberoerd laat.

Noten

[1] W. Ruigrok en R. van Tulder, "Misverstand: globalisering", in: ESB, Jaargang 80, 20/27-12-1995.

[2] K. Ohmae, "Triad Power: The Coming Shape of Global Competition", The Free Press, New York, 1985. Zie ook: K. Ohmae, "The Borderless World", Fontana, London, 1990.

[3] M.E. Porter (ed.), "Competition in Global Industries", Harvard Business School Press, Mass., 1986.

[4] Henk Tieleman schreef daar in Trouw (16 april 1994) treffend het volgende over: "Allereerst: wat willen we voor economie (de normatieve vragen)? En dan: kan dat allemaal tegelijk (de theoretische vragen)? En tenslotte: wie zal daarvoor betalen of verkregen rechten inleveren (de politieke vragen)?" Het economiedebat had een normatieve, theoretische en politieke dimensie en kwam daardoor enigszins verwarrend over.

[5] R.F.M. Lubbers, "Globalisering is meer dan handel", in: ESB, Jaargang 81, 6-11-1996.

[6] Zie: R.F.M. Lubbers, "Globalisering: een terreinverkenning", in: Nijenrode Management Review, Jaargang 1, Nummer 1, 1996.

[7] Zie: R. Went, "Globalisering versterkt het wij-gevoel", in: Intermediair, Jaargang 32, Nummer 11, 1996.

[8] R.F.M. Lubbers, "Globalisering: een nieuwe kijk op political economy", oratie, Katholieke Universiteit Brabant, Tilburg, 1995.

[9] Zie: M. Schinkel, "Lubbers mag weg, globalisering is mythe", in: NRC Handelsblad, 3-11-1995.

[10] De bulk van de kritiek van Ruigrok en Van Tulder is te vinden in: W. Ruigrok en R. van Tulder, "The Logic of International Restructuring", Routledge, London, 1995.

[11] Zie: R. Went, "Globalisering vlot niet erg", in: Intermediair, 1 maart 1996; De Groep van Lissabon (voorzitterschap: R. Petrella), "Grenzen aan de concurrentie", VUB Press, Brussel, 1994.

[12] P.K. Jagersma, "Multinationalisatie van Nederlandse dienstenondernemingen", Tilburg University Press, Tilburg, 1994.

[13] Zie ondermeer: P.K. Jagersma, "Multinationale concernstructuren", in: ESB, Jaargang 78, 3-2-1993; P.K. Jagersma, "Internationaal Management", Stenfert Kroese/Educatieve Partners Nederland, Houten, 1997; P.K. Jagersma, "Concern-structuren: theorie, praktijk en verklaring", in: MAB, Jaargang 67, April, 1994.

[14] M. Bower, "Perspective on McKinsey", McKinsey&Company, New York, 1979 (internal publication).

[15] A. van der Zwet, "Globalisering en de Nederlandse economie", in: ESB, Jaargang 81, 14-2-1996.

[16] Jaarverslagen alsmede interne documentatie van DNB.

3
DE BV NEDERLAND IN MAATSCHAPPELIJK-ECONOMISCH OPZICHT

Ik zal in dit hoofdstuk met een breed penseel de 'state-of-the-art' van de maatschappelijk-economische infrastructuur van de BV Nederland in kaart proberen te brengen. Tegelijkertijd zal ik enkele handvatten aanreiken hoe we de kwaliteit van de maatschappelijk-economische fundering van de BV Nederland op kunnen krikken, zodat we in de toekomst niet met een uiterst kostbare revitaliseringsoperatie komen te zitten. Het wegwerken van achterstallig onderhoud is immers een dure aangelegenheid.

Maatschappelijk-economische infrastructuur

Het woordenpaar 'maatschappelijk-economische infrastructuur' is - net als woordenparen als 'post-moderne samenleving' en het enkele jaren geleden populaire 'sociale vernieuwing' - voor meerdere uitleg vatbaar. Dat heeft alles te maken met het eclectische karakter van het verschijnsel.

Wanneer ik over de maatschappelijk-economische infrastructuur van de BV Nederland spreek, dan heb ik het vooreerst over alle 'immateriële' activa die we in een 'BV' aan kunnen treffen. Immateriële activa zijn georganiseerd rondom de productiefactor mens, de 'software' van de samenleving. Materiële activa daarentegen zijn deel van de fysiek aanwezige infrastructuur en horen bij het industrieel-maatschappelijke complex van een land, de 'hardware' van een samenleving.

De maatschappelijk-economische infrastructuur van een land heeft daarmee betrekking op alle activiteiten die door en voor mensen - in hun verschillende rollen - worden uitgevoerd. Onderwerpen als 'arbeidsmarktparticipatie', 'onderwijs' en 'opleiding', 'regulering' alsmede 'ondernemingsvitaliteit' en 'prestatiedrang' maken er deel van uit. Aan de hand van die onderwerpen zijn we in staat het niveau van de maatschappelijk-economische infrastructuur van een land (al dan niet) van een kwaliteitsetiket te voorzien. Sommige landen spelen in de bovenste helft van de eredivisie, andere landen bungelen onderaan de tweede helft van de eerste of tweede divisie.

Kijken we naar de BV Nederland, dan springt een aantal maatschappelijk-economische zaken vrijwel onmiddelijk in het oog:

- De BV Nederland kent een goed opgeleid werknemers- en werkgeversbestand.
- De arbeidsparticipatie van met name oudere werknemers is laag.
- De BV Nederland heeft een hoge mate van werkloosheid onder de minder goed opgeleide werknemers (ook andere landen hebben hier overigens nog steeds last van).

Het laatste punt klinkt bekend in de oren: de werkloosheid onder laag opgeleiden was hoog, is hoog en zal naar alle waarschijnlijkheid ook in de naaste en verre toekomst hoog blijven. De eerste twee punten vertonen in hun onderlinge relatie echter een merkwaardige inconsistentie. Immers, hoe is het toch mogelijk dat goed opgeleide oudere werknemers niet 'aan de bak' zijn, respectievelijk komen?

Dit riekt naar een voetbalteam met een batterij ervaren sterspelers op de bank. Kunt u zich een Nederlands elftal voor de geest halen dat opereert in de hoogtij*na* dagen van Marco van Basten, Ruud Gullit en Frank Rijkaard, waarbij deze in topconditie verkerende heren alle drie op de bank plaats nemen? Toch staat een significant deel van de relatief hoog-opgeleide Nederlandse beroepsbevolking 'op leeftijd' (nog steeds) buiten het arbeidsproces, met alle psychische, maatschappelijke en sociale negatieve gevolgen van dien.

Het is een van de vele, zo kenmerkende fricties die de BV Nederland 'rijk' is. Toch kan ook de BV Nederland het zich niet veroorloven bereidwillige en getalenteerde krachten naar 'de bank' te sturen en op die bank te houden. Interessant is het in kaart brengen van de achterliggende drijvende kracht, die verantwoordelijk is voor de vele maatschappelijk-economische fricties die u en ik keer op keer in de BV Nederland waar kunnen nemen.

De afgelopen decennia zijn we er in geslaagd om voor vrijwel iedereen voldoende 'ruimte' - let wel in de meest ruime zin van het woord - te creëren. Het 'recht op ontplooiing' staat hoog in het vaandel van de Nederlandse samenleving. Er zijn individuele en collectieve ontplooiingsmogelijkheden; er zijn lokale en internationale ontplooiingsmogelijkheden; er zijn reële en virtuele ontplooiingsmogelijkheden en wat dies meer zij.

De kluwen van ontplooiingsmogelijkheden manifesteert zich in de vorm van veel deeltijdarbeid (de BV Nederland scoort wat dat betreft hoog), een uitermate (wellicht iets te) toegankelijk middelbaar en hoger beroeps- en academisch onderwijs, een baaierd aan hobbyverenigingen en een vrijwilligersbestand dat qua omvang in de Westerse wereld haar gelijke niet kent.

Het is de taak van overheidsorganisaties en andere not-for-profitorganisaties om een omgeving te creëren waarin iedereen zich optimaal kan ontplooien. Voor de overheid betekent dit het scheppen van ruimte, onder meer door het opheffen van allerlei knellende en disfunctionele regels en voorschriften. Ook het introduceren van de juiste prikkels/-incentives kan het zo essentiële ondernemerschap - een distributie-kanaal pur sang qua ontplooiing - aanzwengelen.

Een 'gezonde economie' - mijns inziens eerst en vooral de neerslag van een kwalitatief hoogwaardige maatschappelijk-economische infrastructuur - is (derhalve) het resultaat van het effectieve management van de volgende spanningsbalans: *de noodzaak tot ontplooiing aan de ene kant en de daarvoor noodzakelijke context/topcondities aan de andere kant.*

De Nederlandse overheid heeft traditioneel veel aandacht geschonken aan de linkerzijde van deze spanningsbalans. Het is naar mijn mening de hoogste tijd dat deze (eenzijdige) aandacht wordt gevolgd ('gecompenseerd') door een minstens zo ingrijpende aanpak van de rechterzijde. Pas dan zijn we in staat om het algemene welzijnspeil op een structureel hoger niveau te brengen. Ontplooiingsmogelijkheden zonder topcondities zijn als wafels zonder slagroom. Het een kan nu eenmaal niet zonder het ander.

Uitdaging

De kardinale vraag is: hoe zorg ik voor een productief management van de spanningsbalans? Daarop valt natuurlijk geen eenduidig antwoord te geven. Een drietal aanbevelingen wil ik u echter niet onthouden:

- De wellicht belangrijkste aanbeveling is dat we ons eerst en vooral bewust dienen te zijn van het feit dat het om een inspanning gaat die betrekking heeft op zowel het individu (u en ik) als collectieve instanties (de overheid, georganiseerde werkgevers en werknemers en wat dies meer zij). U en ik zullen niet blijvend op de golven van overheidsinitiatieven mee kunnen blijven surfen. We zullen de mouwen op moeten stropen om op eigen kracht onze broek op te houden.

    De overheid op haar beurt kan voor diverse ingezetenen topcondities creëren door zich bijvoorbeeld van bepaalde markten terug te trekken. Overheden moeten regisseren en coördineren in plaats van interveniëren. Deregulering en liberalisering werken overigens pas als de langs die weg gerealiseerde 'ruimte' door individuen met bepaalde activiteiten daadwerkelijk wordt 'ingevuld'.

- Het voortvarender flexibiliseren van de arbeid kan een belangrijke bijdrage leveren aan het nog steeds urgente arbeidsparticipatievraagstuk.

    Het harmoniemodel is nog steeds de kurk waarop de maatschappelijk-economische infrastructuur van de BV Nederland drijft - met als ultiem resultaat het internationaal bejubelde Poldermodel. Aan werkgeverszijde is de wens om het personeel flexibeler in te kunnen zetten een valide reden om akkoord te gaan met een kortere werkweek. Voor de werknemers - en in het bijzonder de bonden - is het van groot belang dat de invulling van de kortere werkweek ook daadwerkelijk leidt tot verruiming van de werkgelegenheid en een vergroting van het welzijn. Als er niet genoeg betaald werk is voor iedereen die wil werken, wat is er dan op tegen te proberen het bestaande werk beter over al die mensen te verdelen?

Hiermee doel ik niet noodzakelijkerwijs op arbeidstijdverkorting of een min of meer opgelegde grootschalige herverdelingsoperatie, maar een vorm van vrijwillige arbeidsdeling, waarbij werknemers bij zichzelf te rade gaan en nagaan of de feitelijke en de gewenste omvang van de wekelijkse arbeidsduur wel met elkaar in overeenstemming zijn.

- Het vereenvoudigen van het starten van een eigen bedrijf en het verlenen van daarop afgestemde hulp zal eveneens een bijdrage kunnen leveren aan een productief management van de hierboven genoemde spanningsbalans. Kleine en middelgrote ondernemingen vormen sinds jaar en dag de ruggegraat van de Nederlandse economie. Het aanzwengelen van ondernemerschap dient dan ook permanent in de *policy hot zone* te staan.

Tot slot

Het neutraliseren van de manifeste spanning tussen ontplooiingsmogelijkheden enerzijds en de daarvoor noodzakelijke topcondities anderzijds vereist een proactief optreden van overheden. Een hoge notering van dit onderwerp op de politieke agenda van vandaag, morgen en overmorgen is dan ook een noodzakelijkheid, geen met alle vrijblijvendheid omgeven mogelijkheid.

Deel II
Onderzoek

4
CHINA: ELDORADO VAN DE 21STE EEUW?

De politieke koers van Deng Xiaoping heeft het 'Rijk van het Midden' veel vooruitgang gebracht. Veel buitenlandse ondernemingen zijn de afgelopen jaren in China neergestreken.

Een overgang van een centraal geleide economie naar een door markt-krachten gevoede economie is echter niet eenvoudig. Een economisch machtsvacuüm met veel voetangels en klemmen is het gevolg. Veel buitenlandse ondernemingen werden hier de afgelopen jaren mee geconfronteerd. China bleek voor hen lang niet altijd het eldorado van de 20ste eeuw te zijn. Sterker nog, veel buitenlandse ondernemingen hebben de afgelopen jaren meer negatieve dan positieve ervaringen met 's werelds grootste groeimarkt opgedaan. Dat blijkt uit een inventari-satie van interviews, gehouden onder achtenzestig managers van vijfen-twintig multinationale ondernemingen die in China actief zijn.

In dit hoofdstuk gaan we in op de belangrijkste (te nemen) hobbels voor nieuwkomers. Het nemen van deze (acht) hobbels is overigens geen garantie voor een succesvolle toetreding. Ook de al jarenlang in China actieve buitenlandse ondernemingen verwachten nog altijd in eerste instantie het onverwachte. Het bewerken van de Chinese markt vergt bekwaam ondernemerschap, en niet te vergeten een forse dosis gezond verstand, geluk en geduld.

China lijkt vandaag de dag weleens het nieuwe Beloofde Land te zijn. Het zijn sinds kort niet meer alleen toeristen die de Chinese Muur (het enige bouwwerk dat je vanaf de maan op aarde kunt zien liggen), de *Temple of Heaven*, het Zomerpaleis, het Mausoleum of het Plein van de Hemelse Vrede willen zien. Ook veel managers van internationaliseren-de ondernemingen staan in de rij om deze schitterende bezienswaardig-heden te bewonderen.

China is *en vogue* onder buitenlandse multinationale ondernemingen. Grote *global players* als Philips en Unilever waren al in een relatief vroeg stadium van de partij. Zij waren gezien hun omvang in staat om een aanzienlijk stuk voor de muziek uit te lopen. Het aantal en de omvang van de door hen opgestarte initiatieven is in sneltreinvaart toegenomen. Alleen al Philips beschikt bijvoorbeeld op dit moment over meer dan tien joint ventures met Chinese (staats)bedrijven.

---

1 China numeriek

	1994	1995	1996
BNP (% mutatie)	11,8%	10%	11%
BNP per hoofd	-	574$	683$
Consumenten Prijs Index (% mutatie)	24,1%	15%	10%
Totale export (in mrd, % mutatie)	121$	20%	18%
Totale import (in mrd, % mutatie)	116$	17%	20%
Handelsbalans (merchandise, in mrd)	7,3$	15$	10$
Totale buitenlandse schuld (in mrd)	100$	106$	114$

Grootste steden van China zijn Shanghai (13,4 miljoen inwoners), Peking (10,9 mln), Tianjin (9,1 mln), Shenyang (4,5 mln), Wuhan (3,7 mln). Ongeveer 93 procent van de bevolking is Han-Chinees. Er zijn ongeveer 55 belangrijke etnische minderheidsgroeperingen. Totale bevolking bedraagt 1,2 miljard inwoners. De lonen zijn de afgelopen jaren met ongeveer 15 procent (gemiddeld) per jaar gestegen. De industriële productie is de afgelopen jaren gemiddeld 10 procent per jaar gestegen. De productiestijging van de landbouw bedraagt gemiddeld 5 procent per jaar. De Chinese dienstensector groeit ongeveer 10 procent per jaar.

Bron: Datastream, EIU, Goldman Sachs en Salomon Brothers (1996)

Niet alleen bekende namen als Philips en Unilever opereren op de Chinese markt. Ook veel handels- en dienstenondernemingen hebben zich in het kielzog van hun industriële tegenhangers op de Chinese markt genesteld. Middelgrote en kleinere ondernemingen staan op het punt om hun grotere collega's te volgen. De trek van buitenlandse ondernemingen naar China heeft veel weg van de minstens zo indrukwekkende *goldrush* naar het Californië van de vorige eeuw.

De stormloop op China is het directe gevolg van de 'open deur'-politiek van China's vroegere sterke man Deng Xiaoping. Sinds 1979 staan de deuren van China open - die van de Zuid-Chinese kustprovincies Kanton, Fuijan en Jiangsu zelfs wagenwijd. Deng is zich vanaf het jaar waarin hij de macht greep (1978) bewust geweest van het feit, dat het uitrollen van de rode loper enige politieke flexibiliteit zou vergen. Via zogenaamde Speciale Economische Zones - in de enge zin van het woord kapitalistische vrijhavens pur sang - werd de economische groei aangezwengeld. De Speciale Economische Zones waren de motor voor de economische groei van China gedurende de jaren '80 en voor buitenlandse ondernemingen een *Gateway to China* (zie kader 2).

---

2 Speciale Economische Zones

Deng Xiaoping stelde omstreeks 1980 zogenaamde Speciale Economische Zones in. De bedoeling was om langs deze weg:
1. Ervaring op te doen met het kapitalistische systeem van ondernemingsgewijze productie.
2. De Chinese export aan te zwengelen.
3. Chinese werknemers op te leiden en kennis te laten maken met westerse managementtechnieken.
4. Te profiteren van de snelle economische ontwikkeling van het aanpalende Hong Kong.

Er zijn momenteel ruim 10.000 Speciale Economische Zones. Het merendeel hiervan is de laatste jaren zonder tussenkomst van Peking gestart.

Politieke en economische hervormingen

Al in een eerder stadium (het einde van de jaren '70) had Deng de Chinese boeren hun land teruggegeven en werd een aanvang gemaakt met het optuigen van een economische infrastructuur waarin middenstanders goed zouden kunnen gedijen. Zijn met de precisie van een chirurg ten uitvoer gebracht gedachtengoed sorteerde interessante effecten. De boeren en de middenstanders hadden het na enkele jaren aanzienlijk beter onder de pragmatische en anti-dogmatische Deng dan onder voorganger en 'Grote Roerganger' Mao Zedong. De koopkracht nam aanzienlijk toe en daarmee de vraag naar producten met een hogere toegevoegde waarde, zoals radio's, tv-toestellen en andere elektronica.

Deng zette alle zeilen bij om de transformatie van een communistisch systeem naar een 'socialisme met menselijke trekken' zo soepel mogelijk te laten verlopen. Zijn evolutie stond haaks op de revolutie die later in de Sovjet-Unie onder Gorbachov plaatsvond. Hij moest niets hebben van de Culturele Revolutie van Mao, door hem wel eens afgedaan als 'een vorm van collectieve waanzin' (waar zijn overigens de Rode Boekjes gebleven?). Politieke en economische hervormingen waren volgens hem twee zijden van dezelfde medaille. Deng en zijn discipelen streefden van meet af aan naar het aantrekken van zoveel mogelijk buitenlandse ondernemingen. Die ondernemingen zouden door hun productieve investeringen de blijvende welvaartstoename kunnen leveren waar de Chinese bevolking zo lang op had moeten wachten. Daarbij had hij een sterke voorkeur voor joint ventures en andere vormen van interorganisatorische samenwerking.

In dat geval kon technologie en management *know how* langs relatief eenvoudige weg verworven worden. Voor andere vormen van buitenlands ondernemerschap was lange tijd geen ruimte. Voor Deng stond nu eenmaal vast dat China op zijn eigen wijze mee moest in de economische vaart der volkeren. Die opvatting heeft hem geen windeieren gelegd. Volgens de Wereldbank zal de Chinese economie qua Bruto Nationaal Product de Amerikaanse economie in het jaar 2015 voorbijstreven - 'voorbijstuiven' is eigenlijk een betere typering.

3 Belangrijkste investeerders

Land	Bedrag
Hong Kong	20,5 mld
Taiwan	3,2 mld
Japan	3,1 mld
Verenigde Staten	3,1 mld
Singapore	1,9 mld
Zuid-Korea	1,0 mld
Verenigd Koninkrijk	914 mln
Duitsland	386 mln
Frankrijk	287 mln

Bron: Chinese ministerie van Buitenlandse Handel en Economische Samenwerking (1996), cijfers over 1995, in $.

Vraagtekens

Steeds meer China-*watchers* zetten de laatste tijd echter vraagtekens bij de huidige ontwikkelingen. Immers, is Deng er niet hoogspersoonlijk verantwoordelijk voor geweest dat de politieke ideologie niet meer met de economische realiteit in de pas loopt? Een structureel oververhitte economie die middels renteverhogingen en een krapgeldpolitiek maar niet wil afkoelen en een corrupt politiek systeem dat zijn weerga niet kent, zijn daarvan het gevolg. Er is sprake van een diepgewortelde maar vooralsnog latente sociale onrust, omdat door de ontmanteling van het 'systeem met de IJzeren Rijstkom' (waarbij een zogeheten werkeenheid zorgt voor werk, eten en sociale voorzieningen - het Chinese *life time employment*), het gehele bouwwerk van sociale zekerheid in duigen dreigt te vallen. Dit 'sociale dynamiet' heeft al eenmaal vlam gevat. De gevolgen waren destijds amper te overzien. Ook veel managers van ondernemingen, actief in China, relativeren een en ander. Er kunnen volgens hen veel kanttekeningen bij de huidige economische ontwikkelingen worden geplaatst.

China en het internationale bedrijfsleven

China is een aantrekkelijk land, zo valt te beluisteren na een rondgang onder vijfentwintig multinationale ondernemingen (zie kader 4). Deze ondernemingen schatten het groeipotentieel van China hoog in. Het gaat per slot van rekening om ongeveer 1,2 miljard consumenten. Die consumenten beginnen vooral de laatste jaren in toenemende mate naar dure westerse consumptiegoederen als wasmachines, CD-spelers en auto's te vragen.

Maar er is meer. China is tevens een bron van relatief goedkope en hoogwaardige grondstoffen en een uitstekende lanceerbasis voor de export van goedkope half- en eindfabrikaten (denk bijvoorbeeld aan de vele soorten vanuit China geëxporteerde merksportschoenen zoals Nike, Reebok, Adidas, Asics Tiger en Brooks). De groei van de Chinese markt schommelt al vele jaren rond de 10 procent op jaarbasis. Aan die groei lijkt vooralsnog geen einde te komen. Het is dan ook niet vreemd dat er de afgelopen jaren een ware run op China heeft plaatsgevonden. Er zijn momenteel ruim 200.000 multinationale ondernemingen in China actief, waarvan het overgrote deel opereert via joint ventures.

---

4 Onderzoeksopzet

Dit hoofdstuk is gebaseerd op een door JRC International uitgevoerd onderzoek dat in 1995 is gehouden onder vijfentwintig westerse multinationale ondernemingen die in China activiteiten hebben opgestart. Het gaat om de volgende ondernemingen: Philips, Unilever, Procter&Gamble, Volkswagen, PepsiCo, Ericsson, Sara Lee, Xerox, AT&T, Shell, ING, Alcatel Alsthom, Arthur Andersen, Boeing, Benetton, Mercedes-Benz, Akzo-Nobel, Motorola, ABN Amro, Morgan Stanley, McDonnell Douglas, Pilkington, Merrill Lynch, Océ en Chrysler.

Aan de hand van 68 diepte-interviews met (top)managers die een actieve rol hebben gespeeld bij de economische penetratie van China en een omvangrijk deskresearch, is geprobeerd een totaalbeeld te krijgen van de keerzijde van het management van bedrijfsactiviteiten in 's werelds grootste consumentenmarkt. De Chinese markt blijkt naast veel mogelijkheden minstens zoveel beperkingen te hebben. In dit hoofdstuk concentreer ik me op de beperkingen van het zakendoen met de nieuwste economische supermacht. Acht 'hobbels' kwamen het vaakst ter sprake.

Bron: JRC International (1995/1996)

Af en toe geholpen door zachte leningen (tegen een lage rente) menen buitenlandse ondernemingen dat het vooral een kwestie is van aanwezig moeten zijn en pas in tweede instantie een kwestie van aanwezig willen zijn. Buitenlandse ondernemingen die tot voor kort het markt-potentieel van deze regio niet onderkenden kunnen zich medio 1998 wel voor het hoofd slaan. Buitenlandse ondernemingen die al in een vroeg stadium de Chinese markt bewerkten, hebben een aangename kennis- en ervaringsvoorsprong jegens *late entrants* weten op te bouwen; de *leaders* troeven andermaal de *laggards* af.

Het is overigens wel op zijn plaats een en ander te nuanceren. Zo zijn de gemiddelde marges nog steeds flinterdun. De meeste buitenlandse on-dernemingen opereren nog steeds niet winstgevend op de Chinese markt. Dat heeft alles te maken met de complexiteit en de ondoor-zichtigheid van deze markt. Een onderneming als Océ opereert voor-alsnog kostendekkend - een prestatie van jewelste. Het merendeel van de Amerikaanse concurrenten van Océ dreigt op hetzelfde moment in de rode cijferzee tenonder te gaan. Die ondernemingen peinzen er overi-gens niet over om hun post te verlaten. De meeste buitenlandse fabrikanten van kopieermachines blijven van mening dat men een-voudigweg niet om het groeipotentieel van de Chinese markt heen kan. De markt ligt er voor een niet onbelangrijk deel nog onontgonnen bij: de spreekwoordelijke pot met goud. Veel buitenlandse ondernemingen zien de Chinese markt dan ook in eerste instantie als een langetermijn-investering. De verliezen die op korte en middellange termijn worden geleden, neemt men voor lief.

Welke toetredingsstrategieën hanteren buitenlandse ondernemingen zoal? De meeste managers van buitenlandse ondernemingen hebben in eerste instantie van een beperkt aantal (qua omvang uiterst bescheiden) joint ventures gebruik gemaakt. Niet dat er nu zoveel keuzemoge-lijkheden voorhanden zijn. Het aantal alternatieve toetredings-strategieën was lange tijd kunstmatig begrensd, omdat de Chinese over-heid geen andere strategieën dan joint ventures en nauw daarmee verbonden vormen van samenwerking toestond. Sterker nog, de Chine-se overheid bepaalde tot voor kort welke buitenlandse ondernemingen met welke producten in welke provincies op welke termijn met wie mochten ('moesten' is eigenlijk een beter woord) opereren.

De meeste buitenlandse ondernemingen hebben daar weloverwogen op ingespeeld. De wil van Deng was immers wet. Voor de hier bestudeerde buitenlandse ondernemingen was het opstarten van een joint venture een ideale mogelijkheid om een zekere mate van bekendheid met de groeimarkt van de toekomst op te bouwen. De smalle politiek getinte marge die door de Chinese overheid werd aangegeven, werd zoveel mogelijk benut. Het 'ervaring opdoen met' stond in het middelpunt van de belangstelling. De opgestarte joint ventures fungeerden als snuffelpalen, marketinginstrumenten die waardevolle informatie opleverden. Na verloop van tijd (vooral sinds het midden van de jaren '80) werden niet alleen meer, maar ook steeds omvangrijkere joint ventures gestart. Buitenlandse ondernemingen durfden meer risico's te nemen. Sinds het begin van de jaren '90 kunnen ook steeds meer *stand alone businesses* worden waargenomen. De Chinese overheid staat namelijk sinds kort toe dat buitenlandse ondernemingen ook op eigen kracht initiatieven aanzwengelen.

Acht belemmeringen

Wat ex ante veelbelovend is valt ex post niet zelden tegen. Zo ook het opstarten van activiteiten - in welke vorm dan ook - in China. Buitenlandse ondernemingen die de Chinese markt al jaren actief bewerken, zijn opvallend eensgezind in hun opvattingen over de grootste problemen waarvoor 'nieuwelingen' komen te staan. De te nemen hobbels zijn voor elke onderneming bijna altijd hoog en lastig te bedwingen. Factoren als de aard van de onderneming, de aard van de op te starten activiteit(en), de daarmee gepaard gaande investeringen, het moment van toetreding, de regio waarin geëxpandeerd wordt en het land van afkomst van de buitenlandse onderneming zijn in dit verband niettemin van groot belang. Het nemen van de hobbels wordt er in sommige gevallen door bemoeilijkt, in andere gevallen door vereenvoudigd. Het maken van een 'top 8' waarbij aan de posities één, twee en drie een zwaarder gewicht wordt toegekend is vanuit die invalshoek gezien weinig zinvol. Ik beperk me tot het behandelen van de acht belangrijkste hobbels, in willekeurige volgorde wel te verstaan (zie ook kader 5).

5 Acht hobbels

1. *China ontbeert een goede logistieke infrastructuur, zowel ter land, ter zee als in de lucht.* De logistieke infrastructuur schiet zowel in kwantitatief opzicht ('het gebrek aan ...') als kwalitatief opzicht ('de gebrekkige ...') tekort.
2. *Corruptie tiert welig in China.* Vrijwel alle echelons van het politieke apparaat zijn met dit snel om zich heen grijpende virus besmet.
3. *De managementoriëntatie verschilt aanzienlijk.* De managementoriëntatie van buitenlandse ondernemingen staat vaak haaks op de Chinese managementoriëntatie.
4. *De cultuur- en taalverschillen zijn vaak moeilijk te overbruggen.*
5. *Het financiële bestel is niet solide.* Het financiële beleid van de Chinese overheid fungeert als een corset: er zijn teveel financiële beperkingen en te weinig financiële mogelijkheden.
6. *De kwaliteit van de arbeid is in de regel ontoereikend.* Goed opgeleide Chinese werknemers doen bovendien actief aan *job hopping*.
7. *Er bestaat geen juridische code voor het zakendoen.* Buitenlandse ondernemingen zijn daardoor overgeleverd aan politieke en niet-legale opvattingen.
8. *De Chinese markt is zeer gefragmenteerd*, hetgeen het integraal bewerken vrijwel onmogelijk maakt. Dure segmentatiestrategieën zijn het gevolg.

Bron: JRC International (1995/1996)

Infrastructuur slecht ontwikkeld

China is één van de slechtst ontsloten economieën ter wereld. De logistieke infrastructuur is vriendelijk uitgedrukt van het gehalte Nederland in de jaren '20. De Chinese overheid heeft in het verleden veel te weinig geld geïnvesteerd in het opbouwen van een efficiënte infrastructuur (ter land, ter zee en in de lucht). De transportmogelijkheden zijn daardoor in kwalitatief en kwantitatief opzicht volstrekt ontoereikend.

Achterstallig onderhoud is eerder regel dan uitzondering. Het wegennet wordt niet voor niets door zwermen fietsers bevolkt. Auto's, bussen en vrachtauto's zijn alleen in de grote steden gemeengoed. Het spoorwegennet bestaat voor het overgrote deel uit een enkelspoor. Het op grote schaal bevaarbaar maken van de vele rivieren is pas recentelijk aangepakt. Ook aan het verbeteren van het watertransport langs de Chinese kusten wordt pas sinds enkele jaren hard gewerkt. Om over het ontwikkelen en kwalitatief *upgraden* van de diepzeehavens nog maar niet te spreken.

De laagwaardige kwaliteit van de Chinese infrastructuur heeft ingrijpende gevolgen. Zo is bijvoorbeeld het transport van energiegrondstoffen en het transport van halffabrikaten over grote afstanden moeilijk zo niet onmogelijk. Veel buitenlandse (maar ook binnenlandse) bedrijven zijn mede door de slechte ontsluiting nog steeds niet zeker van energie. In het recente verleden konden diverse buitenlandse - vooral industriële - bedrijven slechts enkele dagen per week producten voortbrengen, eenvoudigweg omdat er onvoldoende energie voorhanden was (...). Veel buitenlandse ondernemingen moeten tot op de dag van vandaag de noodzakelijke grondstoffen en de broodnodige onderdelen van half- en eindfabrikaten invoeren.

Zuiver vanuit de markt geredeneerd is het ontbreken van een efficiënte logistieke infrastructuur een ramp, omdat de snelstgroeiende en daarmee meest aantrekkelijke regio's in China (het achterland) veelal het minst toegankelijk zijn. Het bij buurman Japan ontwikkelde fenomeen JIT (*Just-In-Time*) kan dan ook niet in China toegepast worden.

Het gevolg van de slechte infrastructuur is dat het overgrote deel van de buitenlandse ondernemingen een veel te grote voorraad moet aanhouden. Dat is natuurlijk vooral voor industriële ondernemingen funest. De kosten van het (internationaal) ondernemen zijn mede daardoor buitensporig hoog.

Corruptie tiert welig

Buitenlandse ondernemingen zien de corruptie hand over hand toenemen. Dat heeft vooral te maken met het gebrek aan aansturing vanuit het politieke centrum Peking. Door het vergaand decentraliseren van politieke en economische bevoegdheden lijken diverse lokale bestuurders de laatste jaren op drift te zijn geraakt. De gecompliceerde sociale structuur (waarover later meer) van de Chinese samenleving vormt de welhaast ideale voedingsbodem voor handelingen die al snel naar corruptie neigen. De decentralisatie van de besluitvorming die de afgelopen jaren over de gehele linie in heel China heeft plaatsgevonden, heeft de macht van Peking aanmerkelijk uitgehold. Het betekent in de praktijk dat buitenlandse ondernemingen in toenemende mate lokale partners en klanten moeten gaan opzoeken. Men hoeft niet langer de omweg via Peking af te leggen.

Dat lijkt op het eerste gezicht een voordeel te zijn. Ondernemingen besparen daarmee veel tijd en leren sneller de wensen van de uiteindelijke afnemer kennen. Toch heeft het decentraliseren van de beslissingsbevoegdheden zo zijn nadelen. Het betekent namelijk tegelijkertijd dat één centrale partij - hoewel log en inert - wordt ingeruild tegen meerdere lokale partijen die zo hun eigen wetten hanteren. Lokale magistraten hebben eigen wensen en voorkeuren die niet zelden afwijken van het beleid dat Peking voorstaat. Investeringsvoorstellen van bijvoorbeeld Nederlandse ondernemingen aan lokale overheden hebben niet zelden financiële appendices die in de BV Nederland niet door de beugel zouden kunnen. Dat maakt het ondernemen er niet eenvoudiger op.

De politieke dimensie van het ondernemen lijkt door de grootscheepse bestuurlijke decentralisatie eerder toe dan af te nemen. Het uiteindelijke gevolg van smeergeldpraktijken - in China spreekt men bij voorkeur over 'giften' - en andere dubieuze financiële transacties is dat het bewerken van de Chinese markt veel duurder uitpakt dan aanvankelijk wordt verondersteld.

De dominerende toetredingsstrategie compliceert een en ander. Verreweg de meeste buitenlandse ondernemingen opereren nog steeds via joint ventures in China. Buitenlandse ondernemingen die denken dat de Chinese partner een onafhankelijke organisatie is, komen bedrogen uit. In de Chinese partneronderneming nemen in de regel meerdere partijen deel. Een joint venture van bijvoorbeeld een Nederlandse onderneming met een Chinese onderneming is dan ook zelden een 'één-op-één'-relatie. Dat is jammer, want dit zou het management van het samenwerkingsverband aanzienlijk vereenvoudigen. De Chinese partner is echter in de regel een alliantie van lokale overheden, provincies, ministeries, ontwikkelingsmaatschappijen, universiteiten, politieke instituten - die kennis over de lokale markt inbrengen - en diverse militaire instanties (in China participeert het leger actief in de productie van consumptiegoederen).

Buitenlandse ondernemingen klagen voortdurend over de ondoorzichtige structuur van de Chinese partner en het mede naar aanleiding daarvan tijdrovende en daarmee als weinig effectief ervaren management van de joint ventures. Deze complexe figuur van 'de Chinese partner' leent zich goed voor minder legale aangelegenheden.

Dat heeft niet alleen met het aantal Chinese deelnemers, maar ook met de belangen van die deelnemers te maken. Die belangen staan niet zelden haaks op elkaar. De frequente en vaak contraproductieve interventies van veel van dergelijke belangengroepen moet door de buitenlandse partner met onzichtbare *fees* afgekocht worden. Dergelijke *fees* worden volgens Chinese belangengroepen geïnd om publieke faciliteiten op te kunnen zetten en milieubesparende maatregelen uit te kunnen voeren. Het merendeel van de geïnterviewde managers is niettemin van mening dat daar in de regel weinig van terecht komt. Het overgrote deel van de *fees* blijft huns inziens aan de strijkstok hangen.

Managers teveel gericht op kwantiteit in plaats van kwaliteit

Chinese managers zijn met name geïnteresseerd in de te produceren hoeveelheid producten in plaats van in de kwaliteit van die producten. Kwantitatieve in plaats van kwalitatieve *targets* domineren. Wat dat betreft is er volgens de buitenlandse ondernemingen nog een lange weg te gaan. Dit is tot op zekere hoogte begrijpelijk, omdat het hier om een nauw met de lokale cultuur verbonden factor gaat.

Uit andere onderzoeken weten we inmiddels dat de variabele cultuur uiterst weerbarstig is. Een cultuur verander je niet van vandaag op morgen. Feit blijft dat het merendeel van de Chinese managers weinig affiniteit heeft met zaken als marketing en marktgericht ondernemen, twee essentiële *management tools* in een wereld waarin de mondialiserende concurrentiestrijd op het scherpst van de snede wordt gestreden. Ook de lokale klant van een Chinees-buitenlandse joint venture gedraagt zich in toenemende mate als koning. Marktgericht ondernemen is in dat geval noodzakelijk. Kritischer afnemers eisen nu eenmaal kwalitatief hoogwaardige producten.

6 Overeenkomst: What's in a name?

Het verschil in managementoriëntatie uit zich bijvoorbeeld in het bijzonder op het niveau van de operationele bedrijfsvoering. Interessant is bijvoorbeeld de inhoudelijke betekenis die door Nederlandse ondernemingen en Chinese ondernemingen/-instanties aan het verschijnsel 'overeenkomst' wordt toegekend. Zo heeft een overeenkomst of een contract in Nederland een bindende betekenis. Als een Nederlandse manager een overeenkomst heeft ondertekend, dan geldt de inhoud van die overeenkomst. De Nederlandse wetgeving laat daarover geen misverstand bestaan. Het openbreken van een overeenkomst annex contract is dan ook een lastige opgave.

In China niets van dit alles. Overeenkomsten dan wel contracten zijn in China niet noodzakelijkerwijs bindend. In China stelt bijvoorbeeld een in Nederland hoog aangeslagen formaliteit als een *letter of intent* niet zoveel voor. Voor de Chinezen geldt dit als een memo-achtig fenomeen. De aandacht van de Chinese zakenpartner gaat in eerste aanleg uit naar de status van degene die een overeenkomst/contract heeft ondertekend. In het Chinese zakenwezen gaat het nog meer dan in het westerse zakenwezen om de persoon die de handtekening zet in plaats van de handtekening *an sich*. In Nederland is een handtekening van een daartoe bevoegde vaak al bindend. Het hoeft in dit kader niet noodzakelijkerwijs om een topmanager te gaan. In China reiken de tentakels van de hiërarchie echter dusdanig ver, dat het voor een buitenlandse onderneming belangrijk is te controleren of de juiste man (in China bij voorkeur de hoogste autoriteit) wel heeft getekend. Is dit bijvoorbeeld niet het geval, dan kan dit tot gevolg hebben dat een contract niet bindend en naleving daarmee inhoudelijk niet afdwingbaar is.

Bron: JRC International (1995/1996)

Cultuurkloof

Het verschil in managementoriëntatie ligt in het verlengde van de vele cultuurverschillen. Die cultuurverschillen uiten zich onder meer in de manier waarop buitenlanders en Chinezen met elkaar omgaan. Zo zijn bijvoorbeeld Nederlanders direct. Zij willen zo snel mogelijk naar de kern van de zaak toe. Zij zijn individualistisch en niet zelden risico-zoekend. Chinezen zijn indirect (de sociale en de bedrijfsstructuren zijn daardoor weinig doorzichtig), hebben een collectieve instelling (een vruchtbare voedingsbodem voor de diverse lastig te bespelen belangengroepen), zijn inefficiënt, en zijn overwegend risicomijdend (de alomtegenwoordige hiërarchie is bepalend voor het gedrag).

Nog een ander verschil: bij Nederlanders gaan - als het er op aankomt - zaken ontegenzeggelijk voor de groep. Bij Chinezen gaat (het respect voor) de groep vrijwel zonder uitzondering voor zaken. In Nederland en andere westerse landen laat men managers niet zelden als bakstenen vallen. In China zal men slechts in het uiterste geval overgaan tot het (gedwongen) ontslaan van een manager. In China worden personen in principe niet door en niet voor 'de zaak' geslachtofferd. In westerse landen is het ontvlechten van een persoon en een zaak de gewoonste zaak van de wereld. In China is het één onlosmakelijk met het ander verbonden. Buitenlandse managers hebben wat dat betreft weleens het gevoel dat ze zich in China nogal snel als een olifant in een porseleinkast gedragen.

De meest in het oog springende cultuurverschillen worden verklaard door de vergaande invloed van het Confucianisme. Het Confucianisme stelt expliciet dat het individu de meerdere dient te gehoorzamen, zodat een gestroomlijnde maatschappelijke orde gerealiseerd kan worden. De groep heeft daarin het primaat. Daarbinnen speelt het netwerk en de hiërarchie een belangrijke rol. In het Chinese netwerk wordt de navelstreng tussen het nemen van initiatieven respectievelijk beslissingen en de verantwoordelijkheid voor die initiatieven en beslissingen, doorgeknipt.

De beslisser in de top van de hiërarchie is in die hoedanigheid nimmer verantwoordelijk. Anderen dan de beslisser dragen de verantwoordelijkheid voor de beslissing en de uitvoering. De beslisser annex manager is daardoor heer en meester. Hij is iets, de rest is niets. Toch zal hij, conform het eerder gestelde, zelden een niet optimaal functionerende ondergeschikte ontslaan. Een prominent Oosters politicus heeft daar eens treffend over gezegd: 'In het westen wordt men geboren met individuele rechten, in het oosten worden we geboren met sociale verplichtingen'.

China's bedrijfseconomische infrastructuur is hier voor een belangrijk deel op afgestemd. Veel Chinezen werken bij conservatief geleide, uiterst inefficiënte staatsondernemingen. In die ondernemingen gaan handen altijd voor machines. Een schrikbarend lage productiviteit is het gevolg. Volgens een conservatieve schatting van een Philips manager kunnen de huidige activiteiten die door die staatsondernemingen worden uitgevoerd door pakweg 10 tot 20 procent van de huidige personele bezetting worden uitgevoerd. Buitenlandse ondernemingen worden niet zelden gedwongen om met dergelijke staatsbedrijven samen te werken. De meeste buitenlandse ondernemingen spreken in dit raam over een 'noodzakelijk kwaad' waar men 'vooralsnog mee zal moeten leren leven'. Het aangaan van joint ventures met die ondernemingen is en blijft ook in de naaste toekomst de meest aangewezen manier om de Chinese markt te bewerken.

Toch ervaart ook de Chinese politieke top de inefficiënte staatsbedrijven in toenemende mate als een molensteen om de eigen nek. Dat is weleens anders geweest. De staatsbedrijven zijn namelijk, hoe tegenstrijdig het ook klinkt, de 'smeerolie' van het heersende politiek-economische bestel. Geen staatsbedrijven impliceert voor een aanzienlijk deel van de beroepsbevolking geen werk (ongeveer 100 miljoen Chinezen werken bij een staatsbedrijf) en daarmee sociale onrust, iets waar de Chinese leiders bepaald niet op zitten te wachten.

Hun manoeuvreerruimte is niettemin uiterst beperkt, omdat tweederde van de staatsbedrijven allesbehalve in staat is om een perspectiefvolle en duurzame banengroei te genereren. Het gaat immers niet alleen om het werk van vandaag, maar ook om het werk van morgen en overmorgen. En dat, terwijl de populatie werkzoekenden ieder jaar met ongeveer 40 miljoen zielen toeneemt. Volgens het merendeel van de managers van buitenlandse ondernemingen zal een stapsgewijze hervorming van China's staatsondernemingen zowel de efficiëntie van het concurrentiemechanisme als de arbeidsethos ten goede komen.

Tot die tijd zullen buitenlandse ondernemingen behoedzaam met de culturele jungle die China heet om moeten gaan. Hoe kunnen anders op een succesvolle manier joint ventures gesmeed worden tussen buitenlandse en Chinese ondernemingen? De buitenlandse ondernemingen worden daarbij in zeker opzicht voor het blok gezet. De Chinese overheid heeft tot op de dag van vandaag een aperte voorkeur voor joint ventures. Pas sinds kort kunnen buitenlandse ondernemingen op eigen kracht, dus zonder tussenkomst van Chinese derden, hun werkterrein naar China verleggen. Het aantal hobbels lijkt in dat geval echter exponentieel toe te nemen, immers: wie spreekt er vloeiend Chinees; wie kent er de lokale markt door en door; wie beheerst het in China zo belangrijke 'management van politiek kapitaal' (de relaties met lokale en nationale politieke zwaargewichten) en wie kent er de lokale gewoonten en tradities?

Buitenlandse ondernemingen zullen in dat geval uit een te kleine vijver gespecialiseerd talent moeten vissen. Joint ventures zullen alleen al daarom nog lange tijd de belangrijkste penetratiestrategie blijven. Echter ook voor joint ventures geldt: samenwerken blijft in alle gevallen samen *werken*. Het vinden van een gemene deler blijft een lastig probleem, ook voor een onderneming als Philips, met meer dan tien joint ventures verreweg de meest door de Chinese wol geverfde Nederlandse multinationale onderneming. Zonder uitzondering zijn de ondervraagde managers van mening dat het realiseren van een *fit* tussen de eigen en de Chinese cultuur van het allergrootste belang is.

Financieel systeem weinig flexibel

Het Chinese financiële stelsel is een mengeling van Confuciaanse en communistische principes. Het stelsel is in het geheel niet toegesneden op het aanbod en de vraag naar financiële diensten. Banken, verzekeringsmaatschappijen, ontwikkelingsmaatschappijen en subsidieverstrekkers zijn uiterst bureaucratisch en slecht georganiseerd. Pas enkele jaren geleden werden de eerste effectenbeurzen, een geautomatiseerde obligatiemarkt en enkele goederentermijnmarkten opgestart. Die noviteiten hebben nog steeds met veel aanloopproblemen te maken. Buitenlandse banken als ING Bank en ABN Amro zijn aan handen en voeten gebonden, omdat men in feite alleen maar buitenlandse valuta's mag uitlenen. De handel in de Chinese valuta, de renmembi, is strikt genomen verboden. De renmembi is nog steeds niet convertibel.

Wederom is er sprake van een min of meer geïnstitutionaliseerd probleem. Zo is het merendeel van de Chinese ondernemingen nog steeds niet verantwoordelijk voor de eigen prestaties. Die ondernemingen hebben daardoor geen enkele affiniteit met zaken als kostenbeheersing en het verantwoorden van hun financiële huishouding. De boekhouding van de gemiddelde Chinese onderneming rammelt volgens de meeste ondervraagde managers aan alle kanten. Een standaardboekingsmethode is er niet. *Window dressing* is daardoor aan de orde van de dag. Dat maakt het voor buitenlandse ondernemingen uitermate moeilijk om de financiële soliditeit van de Chinese zakenpartners in te schatten. Joint ventures zijn voor de buitenlandse ondernemingen vooral *joint adventures*.

De Chinese overheid compliceert het financieel management van Chinese ondernemingen door een ingrijpende behoudzucht met betrekking tot duurverdiende buitenlandse valuta aan de dag te leggen. Men wil koste wat kost voorkomen dat dergelijke valuta verloren gaan. Zo leidde bijvoorbeeld de importgolf uit 1985 er toe, dat de Chinese autoriteiten resoluut de *foreign exchange*-kraan dichtdraaiden. Er werd in de optiek van Peking in die dagen veel te veel *foreign exchange* over de balk gesmeten. De Chinese overheid heeft het beleidsvizier vanaf het midden van de jaren '80 niet voor niets verplaatst naar de export van eigen producten. Het *made in China* diende vanaf dat moment het *made in Taiwan* naar de kroon te steken.

De eerste stappen zijn reeds gezet. De resultaten zijn bemoedigend. De huidige deviezenreserve van China bedraagt ongeveer 85 miljard dollar. De verplaatsing van de arbeidsintensieve industrieën naar buurlanden als Taiwan en Hong Kong heeft daar in belangrijke mate aan toe bijgedragen. Kustprovincies als Guadong zijn de afgelopen jaren tot ware exportenclaves uitgegroeid. De meeste buitenlandse ondernemingen zijn in die in economisch opzicht meest ontwikkelde regio's actief.

Buitenlandse ondernemingen hebben overigens begrip voor het door de Chinese overheid gevoerde compromisloze valutaire beleid: harde valuta zijn voor de Chinese overheid belangrijk, want nodig om de groeiende staatsschuld af te lossen en om de noodzakelijke import aan graan en staal te betalen. De keerzijde is dat veel buitenlandse ondernemingen niet in harde valuta uitbetaald worden. Voor de meeste buitenlandse ondernemingen is het vinden van afnemers die bereid zijn in harde valuta te betalen, als het vinden van een speld in een hooiberg.

Kwaliteit van de arbeid laag

De kwaliteit van de mens achter het product is een belangrijke zo niet de meest kritische succesfactor in de concurrentiestrijd om marges en marktaandeel. Het probleem in China is dat het merendeel van de werknemers slecht geschoold is. Het geringe aantal in China gevestigde opleidingsinstituten schiet in kwalitatief opzicht hopeloos tekort. Slechts een klein deel van de beroepsbevolking heeft een academische opleiding. Over het gemiddelde niveau van de academische instellingen zijn de buitenlandse managers het roerend met elkaar eens: het westerse niveau wordt bij lange na niet gehaald. De academisch geschoolden hebben een enorme achterstand op de in het westen en Japan geschoolde economen en ingenieurs.

De managementtechnieken van Chinese ondernemingen zijn bovendien sterk verouderd. Men is onbekend met elementaire begrippen als accounting, marketing, strategie, rationalisatie en managementinformatiesystemen. Buitenlandse *expatriates* vallen wat dat betreft van de ene verbazing in de andere. Het gevolg is dat de activiteiten van joint ventures die veel specifieke vaardigheden vergen, vooralsnog door buitenlandse managers worden uitgevoerd. Meer in het algemeen geldt dat buitenlandse *expatriates* de meer hersenintensieve activiteiten als het management en de *engineering* verrichten, terwijl Chinese werknemers de meer routinematige en uitvoerende werkzaamheden voor hun rekening nemen.

Het op grote schaal investeren in de opleiding van de medewerkers van de Chinese zakenpartners heeft voor buitenlandse ondernemingen als bijkomend gevolg dat de onderlinge rivaliteit wordt aangewakkerd. Veel Chinese medewerkers doen bovendien actief aan *job hopping*. Zij zijn immers een schaars economisch goed en zien door de genoten opleiding hun marktwaarde alleen maar toenemen. Het merendeel van de buitenlandse ondernemingen is van mening dat dit probleem in de toekomst alleen maar groter zal worden.

Wetgeving onvoldoende

China kent geen ondernemingsrecht en daarmee ontbreekt de mogelijkheid om eventuele fricties tussen buitenlandse en Chinese ondernemingen aan te vatten en langs juridische weg op te lossen. Het juridische systeem is erg open en in tegenstelling tot westerse economieën weinig concreet. Veel buitenlandse ondernemingen zijn juist daardoor uiterst kwetsbaar. Zo kan het kopieergedrag van veel Chinese ondernemingen moeilijk worden aangepakt. Wat in het westen illegaal is, is dat in China dikwijls niet.

Philips is de afgelopen jaren mede daardoor omvangrijke inkomstenstromen misgelopen. Chinese ondernemingen kopieerden straffeloos op grote schaal CD's en software. Tot groot ongenoegen van de Philips-top in Eindhoven, te meer daar het kopieergedrag een uiterst lucratieve internationale dimensie heeft. De Chinese *copycats* bewerken niet alleen de Chinese markt, maar worden in toenemende mate ook op aantrekkelijke exportmarkten als de Verenigde Staten en Europa actief. Philips concurreert daardoor op mondiale schaal met illegaal geproduceerde CD's en software. Ook andere buitenlandse ondernemingen volgen deze en soortgelijke ontwikkelingen met argusogen.

---

7 Kosten Chinese piraterij (1994)

Computer programma's	351 mln
Opnames en composities	345 mln
Boeken	120 mln
Films	50 mln

Opmerking: De cijfers hebben betrekking op de schade, toegebracht aan de Amerikaanse economie (in 1994). Bedragen in dollars.

Bron: International Intellectual Property Alliance (1995)

Een oplossing van dit probleem dient zich vooralsnog niet aan. Vast staat wel dat het om een van de meest zuivere vormen van concurrentieverstoring gaat. De hoog oplopende ruzie die nog niet zo lang geleden plaatshad tussen de Verenigde Staten en China over het kopieergedrag van Chinese high-tech bedrijven, bewijst eens te meer dat het niet eenvoudig is dergelijk concurrentiegedrag te reguleren. De wetgeving op het gebied van het intellectuele eigendom staat in China nog in de kinderschoenen. Met het sanctioneren van overtredingen heeft men nog geen enkele ervaring opgedaan. Het is nog veel te vroeg om zelfs een voorlopige balans op te maken.

De grote economische belangen (in het bijzonder de met het kopieergedrag gepaard gaande werkgelegenheid) maakt het kluwen aan problemen alleen maar moeilijker te ontwarren. Veel buitenlandse ondernemingen hebben dagelijks met de illegale kopieerstrategieën van Chinese ondernemingen te maken. Dat was zo, dat is zo en dat zal de komende tijd ook nog wel zo blijven.

Gefragmenteerde markt

De Chinese markt is verre van homogeen. Sterker nog, er zijn weinig markten met een dusdanig geringe mate van homogeniteit. Die diversiteit wordt door buitenlandse ondernemingen als een moeilijk te nemen horde gezien. De geringe markthomogeniteit hangt nauw samen met de regionale inkomensverschillen in China. Zo is het gemiddelde inkomen van de werknemer in de stad aanmerkelijk hoger dan het gemiddelde inkomen van de werknemer op het platteland. De verschillen in vrij besteedbaar inkomen bepalen - nog afgezien van de verschillende soorten consumenten - voor een belangrijk deel welke producten in welke gebieden afgezet kunnen worden.

Zo probeert Unilever de verschillende regionale markten met een gesegmenteerde marktbenadering te bewerken. Door joint ventures met lokale ondernemingen aan te gaan, wordt eerst gewerkt aan het verbeteren van de reeds door de Chinese partner op de markt gebrachte consumptiegoederen. Pas in een later stadium introduceert Unilever de *global brands* waarmee het concern normaliter geassocieerd wordt. Unilever heeft deze strategie bijvoorbeeld expliciet toegepast voor het merk Omo. Voor Unilever vormt het toepassen van deze trapsgewijze segmentatiestrategie tegelijkertijd het ideale medium om lokaal talent aan zich te binden. Volgens de Unilever-filosofie wordt de groei van het concern in China in eerste aanleg bepaald door de hoeveelheid en de kwaliteit van het lokale Chinese management- en marketingpotentieel. De achterliggende gedachte van Unilever daarbij is dat China door Chinezen en niet door Nederlandse dan wel Britse *expatriates* ontgonnen moet worden.

De Chinese markt kent vele deelmarkten die allemaal hun eigen karakteristieken, marktvraag en nauw daarmee verbonden behoeftenpatronen hebben. Dit vergt inventief en daarmee risicozoekend ondernemerschap. De in de media veelvuldig geventileerde stelling als zou het hier om het eldorado van de 21ste eeuw gaan, moet ernstig in twijfel worden getrokken. De grote steden Peking en Shanghai (beide handelscentra met een relatief gunstige ligging) en de Speciale Economische

Zones en de daaraan grenzende provincies mogen dan alleszins acceptabele groeiniveaus laten zien, het grootste deel van het land (ruim een miljard mensen) leeft net boven de armoedegrens in gebieden die niet dan wel ten dele ontsloten zijn. De Nederlandse en de Griekse markt hebben in veel opzichten meer met elkaar gemeen dan het noorden en het zuiden van China.

De meeste buitenlandse ondernemingen zijn zich terdege bewust van de complexiteit van het ondernemen op dergelijke deelmarkten. Door de dure segmentatiestrategieën zullen de meeste buitenlandse ondernemingen ook op korte termijn verliesgevend blijven opereren. Vooral in de diep in het land liggende regio's is het moeilijk om contacten met lokale joint venture-partners aan te zwengelen. De gebrekkige lokale distributiestructuur en het niet kunnen putten uit een reservoir competente managers maken het moeilijk om een segmentatiestrategie succesvol uit te voeren. De meeste buitenlandse ondernemingen wachten daarom tot er een consolidatie van veel lokale, moeilijk bereikbare markten/marktsegmenten heeft plaatsgevonden. Zij maken vooralsnog pas op de plaats en beperken hun geografische actieradius tot de meest ontwikkelde delen van China.

Fysieke concentraties van buitenlandse ondernemingen zijn het gevolg. Van een gelijkmatige verspreiding van buitenlandse ondernemingen over China is dan ook geen sprake. *Expatriates* spreken in dit kader wel over 'gebieden waar een opeenhoping van buitenlandse ondernemingen heeft plaatsgevonden'. De economische ontwikkeling van China concentreert zich in het bijzonder in en rondom dergelijke gebieden.

De implicatie van het bovenstaande is dat buitenlandse ondernemingen die de gehele Chinese markt wensen af te dekken, meerdere *business units* moeten opstarten. Het bedienen van de gehele Chinese markt vanuit één enkele vestiging is gedoemd te mislukken. Het opzetten van een reeks *business units* is een manier om effectief om te gaan met de gefragmenteerde aard van de Chinese markt. De vergaande mate van decentralisatie en de snelle veranderingen die momenteel op regionaal en nationaal niveau plaatshebben, fungeren wat dat betreft als laatste zet in de richting van het entameren van gesegmenteerde marktbewerkingsstrategieën. Het veroveren van de Chinese markt blijft vooralsnog een experiment, ook voor de meer ervaren China-gangers.

5
INTERNATIONAAL VENTURE MANAGEMENT

Veel multinationale ondernemingen worden vroeg of laat met tegenvallende resultaten geconfronteerd. Dit is in de regel het gevolg van het jarenlang onvoldoende aandacht schenken aan 'de voet' van de markt: vernieuwing. Uit een onderzoek onder de vijfentwintig grootste Nederlandse multinationale ondernemingen over de periode 1985 tot en met 1994 blijkt dat tegenvallende resultaten van multinationale ondernemingen voor een belangrijk deel te wijten zijn aan een gebrek aan innovatieve slagkracht. De oorzaak van deze geringe innovatieve slagkracht wordt in dit hoofdstuk toegedicht aan de organisatiestructuren van die multinationale ondernemingen. De structuren van die ondernemingen zijn vaak niet doelmatig en doeltreffend, i.e. niet goed toegesneden op de snel veranderende omgevingsomstandigheden. Interne ontwikkeling - hier 'internationaal venture management' genoemd - kan in deze problematiek een uitweg bieden.

De opbouw van dit hoofdstuk is als volgt. In de volgende paragraaf wordt een uiteenzetting gegeven van de aanleiding tot dit schrijven. Vervolgens wordt ingegaan op de onderzoeksstrategie en het hoe en waarom van internationaal venture management. Nadat de vier verschijningsvormen van internationaal venture management zijn geschetst, wordt inzicht verschaft in respectievelijk de voor- en nadelen van internationaal venture management. Tenslotte wordt een aantal handreikingen voor het effectief toepassen van internationaal venture management geboden, evenals een aantal 'lessen'.

Aanleiding

Internationalisatie, aangezwengeld door schaalvergroting, een groei van de kapitaalintensiteit van de productie, handelsliberalisatie en snelle technologische en communicatieve ontwikkelingen, brengt een fundamentele verandering teweeg in de manier waarop ondernemingen onderling rivaliseren. Het voortschrijdende internationalisatieproces betekent dat de competitieve scope - het aantal en soort concurrenten - wordt verruimd. Daardoor wordt concurreren tot een (nog) complexere aangelegenheid. Wie zet niet alleen waarom, wanneer, hoe en waarmee maar ook *waar* competitieve zetten?

Sinds de jaren zestig is er echter niet alleen sprake van een globalisatie van de concurrentiestrijd. Er is eveneens sprake van een intensivering van deze steeds vaker op wereldniveau gevoerde concurrentiestrijd. Illustratief zijn de ontwikkelingen die momenteel plaatsvinden in de mondiaal snel deregulerende telecommunicatieindustrie. De fellere concurrentiestrijd is vooral te herleiden tot de toename van het aantal spelers. Belangen van partijen gericht op het beschermen van de nationale soevereiniteit en de nationale concurrentiepositie worden - in tegenstelling tot voorheen - momenteel in de concurrentie-analyses betrokken.

Lokale, regionale, nationale en transnationale overheden beginnen zich steeds vaker actief - in plaats van passief - op te stellen [1]. De belangen zijn ook voor de overheden groot. Een eenvoudig optelsommetje leert dat een sterke concurrentiepositie welvaart en welzijn betekent. Het acquisitiebeleid van overheden gericht op het aantrekken van interessante ondernemingen wordt feller en gewiekster. Het toenemende belang van de overheid wordt zichtbaar in de mondiale verstrengeling van de publieke en private sector. Er vindt een toenemend aantal belangenverstrengelingen plaats tussen overheden en bedrijfsleven.

De afgelopen jaren is er relatief veel en constructief onderzoek verricht naar de verschillende verschijningsvormen van mondiale concurrentiestrategieën. Mondiale concurrentiestrategieën moeten volgens diverse onderzoekers vooral gekenmerkt worden door standaardisatie van producten en processen [2]. De met name vanwege technologische ontwikkelingen teweeggebrachte homogenisering onder de behoeften van afnemers (zowel bedrijven als consumenten), schreeuwt als het ware om de productie van gestandaardiseerde producten en processen. Het verkopen van - enigszins denigrerend - 'eenheidsworst' of - mooier - 'meer van hetzelfde' werkt vaak opvallend goed. Een aantrekkelijk bijkomend voordeel is dat het een relatief eenvoudig toe te passen strategie is.

Anderen wijzen op het belang van *leaner and meaner* en de daarmee gepaard gaande voordelen van flexibiliteit [3]. Weer anderen benadrukken dat multinationale ondernemingen vooral moeten investeren in mechanismen die de onderneming in staat stellen een optimale coördinatie en configuratie van internationale activiteiten te bewerkstelligen [4]. Het gaat in dat geval om het rendabel verspreiden van de activiteiten over de aardbol: activiteiten worden daar uitgevoerd, waar ze het doelmatigst (i.e. goedkoopst) dan wel doeltreffendst (i.e. het beste toegesneden op de behoeften c.q. eisen van de afnemer) kunnen worden uitgevoerd.

Deze drie strategieën annex visies op mondiaal concurreren zijn slechts een kleine greep uit de grote hoeveelheid strategieën die door ondernemingen gehanteerd kunnen - soms moeten - worden. Opvallend is dat vrijwel geen enkele lezing inzake het 'hoe mondiaal te concurreren' hetzelfde is. Iedere onderzoeker, wetenschapper en organisatieadviseur formuleert zijn c.q. haar strategie als *de* concurrentiestrategie. Daarbij wordt gemakshalve nogal eens voorbijgegaan aan het feit dat een keuze voor een gegeven concurrentiestrategie omgeven is met allerlei randvoorwaarden. Zo wordt bijvoorbeeld de uiteindelijke keuze van een concurrentiestrategie in de kern ingegeven door de aan de multinationale onderneming ter beschikking staande financiële en managementmiddelen (om überhaupt mondiaal te kunnen concurreren) alsmede de van de missie afgeleide specifieke doelstellingen (waarvoor de multinationale onderneming zich gesteld ziet).

Michael Porter wijst in zijn laatste boek op het doorslaggevende belang van de factor innovativiteit in de mondiale concurrentiestrijd, bijvoorbeeld in de vorm van product- en procesvernieuwing [5]. Opvallend daarbij is dat Porter cum suis zelden wijzen op 'het hoe' van internationale product- en procesvernieuwing. Een plausibele reden voor deze achterstelling in aandacht is dat het moeilijk is de richting van de causaliteit vast te stellen. Oorzaak en gevolg lopen als het ware door elkaar heen, interacteren met elkaar. Enerzijds kan vernieuwing via schaalvergroting aanzetten tot internationalisatie van het werkterrein van ondernemingen. Anderzijds kan door het internationaliseren van het werkterrein externe (lokale omgevings)diversiteit geïnternaliseerd worden (men kan in het buitenland ideeën opdoen), hetgeen een positief effect kan sorteren op het vermogen tot vernieuwing (en, minstens zo belangrijk: de vernieuwingsdrang).

De softwareindustrie en de automobielindustrie houden zich eigenlijk al decennialang bezig met het formuleren en implementeren van innovatieve mondiale concurrentiestrategieën [6]. Dat dit recentelijk gepaard ging met de nodige economische aardverschuivingen valt op te maken uit de gewijzigde krachtsverhoudingen tussen (maar ook binnen) de Verenigde Staten, Europa en Zuidoost-Azië. Door het mondiaal verspreiden van managementtalent en product- en procestechnologieën is het uitvinden van producten en processen niet langer voorbehouden aan Amerikanen en Europeanen, het commercialiseren niet langer voorbehouden aan Amerikanen en het - enigszins oneerbiedig genoemde - 'kopiëren' en produceren niet langer het handelsmerk van de Aziaten (in het algemeen en de Japanners in het bijzonder). Het karakter van de concurrentiestrijd is daardoor ingrijpend gewijzigd. Zelfs binnen de (lange tijd beschermde) speerpuntindustrieën, de hoge toegevoegde waarde industrieën die gebruikmaken van geavanceerde technieken en technologieën, wordt steeds feller geconcurreerd.

Voor veel multinationale ondernemingen is het zelf ontwikkelen van nieuwe producten dan wel processen een noodzakelijke voorwaarde om internationaal te kunnen concurreren. In het oog springend is dat vooral grote multinationale ondernemingen steeds moeizamer langs de weg van de interne ontwikkeling in staat zijn te internationaliseren. Dergelijke multinationale ondernemingen zoeken dan ook bij voorkeur hun heil in de sneller tot stand te brengen fusies, acquisities en de momenteel sterk in opkomst zijnde samenwerkingsverbanden en 'webben'. In zeker opzicht valt dit gedrag van deze categorie multinationale ondernemingen te verklaren. Het is immers niet altijd mogelijk te internationaliseren langs de weg van de interne ontwikkeling. Een gesloten markt als de Duitse of Franse verzekeringsmarkt bijvoorbeeld, dwingt Nederlandse verzekeraars als het ware tot het verrichten van fusies dan wel acquisities. Internationalisatie via interne ontwikkeling is op deze markten (vrijwel) uitgesloten.

In vergelijking tot hun grotere collegae blijken kleinere ondernemingen in de regel innovatiever te zijn. Weinig opzienbarend is dan ook de vraagstelling waarom grote ondernemingen relatief minder vernieuwend zijn, en daardoor - in vergelijking tot kleinere ondernemingen (ceterus paribus) - meer moeite zullen hebben om langs de weg van de interne ontwikkeling te internationaliseren. Opvallend is dat juist hier relatief weinig onderzoek naar is verricht. Dat is in het oog springend, want het gaat om een voor grote multinationale ondernemingen heikel en uiterst essentieel vraagstuk. In het verlengde van deze constatering ligt voor de hand, dat er nog minder bekend is over het aanvatten van dit vraagstuk.

Uit een onder vijfentwintig multinationale ondernemingen uitgevoerd onderzoek blijkt dat de crux van de problematiek ligt bij de organisatie van de multinationale onderneming. Grote, over veel marktsegmenten uitgewaaierde multinationale ondernemingen bezitten veelal een interne organisatie die niet is toegesneden op innovatie. Centraal binnen deze ondernemingen staat namelijk de doelstelling van kostenefficiëntie, niet die van vernieuwing. Dat is verklaarbaar, want dergelijke multinationale ondernemingen weten vaak heel goed dat ze met het kostbare bureaucratievirus besmet zijn. Het is dan zaak de daarmee gepaard gaande kosten in de gaten te houden respectievelijk zoveel mogelijk te drukken. Dergelijke ondernemingen zullen deze doelstelling echter na verloop van tijd via training, opleiding en verticale en horizontale communicatie in hun bedrijfsculturen (de informele organisatie) incorporeren.

Het gevolg van het institutionaliseren van dit streven naar kostenefficiëntie is een interne oriëntatie. Deze interne oriëntatie leidt ertoe dat de multinationale onderneming het risico loopt het zicht op belangrijke marktontwikkelingen te verliezen. Het zicht op marktontwikkelingen wordt er in ieder geval door vertroebeld.

Researchstrategie

In dit hoofdstuk zijn de 'ins' en 'outs' van een onderzoek naar het hoe en waarom, de voor- en nadelen alsmede de randvoorwaarden voor succesvol internationaal venture management neergelegd.

De inzichten zijn het resultaat van het analyseren van de groei- en snoeistrategieën van 59 internationale ventures van de vijfentwintig grootste Nederlandse multinationale ondernemingen (zie kader 1). De internationale ventures werden gedurende de periode 1985-1994 opgestart. De betrouwbaarheid van de onderzoeksresultaten werd positief beïnvloed door de relatief omvangrijke database en de relatief grote tijdsspanne.

Naast het analyseren van jaarverslagen is gebruik gemaakt van additionele bronnen als:

- Financiële dag- en weekbladen (onder meer de Financial Times, Wall Street Journal, Het Financieele Dagblad en de business magazines FEM, Business Week, Fortune, Quote, en Management Team).
- Interne, openbare bedrijfsdocumentatie als bedrijfsfolders en bedrijfsbrochures.
- Telefonische en persoonlijke diepte-interviews.

Gewapend met de nodige theoretische baggage werden de praktijkbevindingen op een rij gezet en geanalyseerd. Het uiteindelijke kwalitatieve resultaat, de interpretatie van de onderzoeksgegevens, is hier zo compact mogelijk weergegeven.

1 Researchpopulatie

De top 100 van het business blad FEM fungeerde als vertrekpunt van dit onderzoek. Die ranglijst zet de grootste honderd ondernemingen van Nederland naar netto toegevoegde waarde op een rij. Onder 'netto toegevoegde waarde' (kortweg 'NTW') verstaat FEM: het verschil tussen de totale opbrengsten van een onderneming en de kosten van de ingekochte goederen en diensten. Het bovenste kwartiel van de ranglijst ziet er voor 1994 (het jaar waarin de tijdsspanne van het onderzoek - 1985 tot en met 1994 - eindigt) als volgt uit:

Onderneming	NTW (in mln NLG)
1. Koninklijke Shell	26.994
2. Unilever	19.002
3. Philips	17.443
4. KPN	9.517
5. Akzo Nobel	7.471
6. Ahold	4.165
7. KLM	3.130
8. Reed Elsevier	2.949
9. KNP BT	2.727
10. SHV	2.657
11. Vendex International	2.558
12. Heineken	2.353
13. Hoogovens	2.291
14. DSM	2.025
15. Sara Lee/DE	1.959
16. Polygram	1.885
17. Stork	1.630
18. Nedlloyd	1.489
19. HBG	1.419
20. Van Leer	1.141
21. Océ	1.070
22. BolsWessanen	993
23. KBB	988
24. VNU	984
25. Wolters Kluwer	932

Bron: FEM (1995)

Het is niet terecht alle grote multinationale ondernemingen als niet-innovatief te betitelen. In het recente verleden zijn veel pogingen ondernomen om te komen tot een platform voor verschillende vormen van wat wel wordt genoemd 'intern ondernemen'. Achterliggende gedachte: het creëren van een omgeving waarin innovativiteit goed kan gedijen. SHV is een aansprekend voorbeeld van een onderneming die al lang experimenteert met verschillende vormen van intern ondernemen. Juist op deze wijze blijkt deze multinationale onderneming in staat te zijn, op innovativiteitsvoordelen gebaseerde concurrentievoordelen internationaal in zowel financieel als strategisch opzicht te benutten.

SHV heeft gedurende een lange tijd een beleid gevoerd, gericht op expansie via internationaal venture management. Voor SHV is internationaal venture management *de* baanbrekende expansie-optie. Dit is opvallend, gezien het klassieke nadeel van internationaal venture management: de tijdrovendheid van het opzetten van nieuwe ventures. Het duurt bovendien vaak jaren voordat een venture rendabel opereert. Onderzoek heeft uitgewezen dat het gemiddeld tien tot twaalf jaar duurt voordat de winstgevendheid van pas opgestarte ventures gelijk is aan die van volwassen ventures [7]. Nieuwe ventures, vooral internationale ventures, blijken pas na jaren winstgevend te zijn.

Het is belangrijk dat er voldoende aandacht uitgaat naar respectievelijk de structurering van de internationale venture en de organisatorische plaats van de internationale venture in de concernstructuur. Het is immers de concernstructuur die bepaalt waar mensen zitten, met wie mensen (moeten) communiceren en wat de mensen (moeten) doen. Daardoor is niet alleen de organisatie van de internationale venture, maar ook de concernstructuur in hoge mate verantwoordelijk voor de uiteindelijke *performance* van de venture.

Internationaal venture management is in de kern een groeistrategie. Het toepassen van internationaal venture management heeft twee doelstellingen:
• In de eerste plaats gaat het bij het toepassen van internationaal venture management om het reduceren van risico's: men opereert dichter

op de markt. Het ontwikkelen van nieuwe producten en processen is nu eenmaal met risico's omgeven.

- Ten tweede tracht men via internationaal venture management de interne hiërarchisering (lees: bureaucratisering) te minimaliseren en de daarmee gepaard gaande periodieke rapportages aan het hoofdkantoor te verminderen. Dit met het oog op het vergroten van de slagvaardigheid van de multinationale onderneming als geheel.

De achterliggende idee van internationaal venture management is dat men op deze wijze in staat is twee dingen tegelijkertijd te ondervangen, namelijk de bureaucratie en traagheid van grote multinationale ondernemingen alsmede het gebrek aan middelen van kleine ondernemingen. Internationaal venture management kan leiden tot het ontwikkelen van nieuwe producten/processen en daarmee als een stuwende bron van internationale expansie fungeren. Internationaal venture management kan een bijdrage leveren aan het in kwalitatief opzicht *upgraden* van de portefeuille bedrijfsactiviteiten.

Het toepassen van internationaal venture management betekent niet zelden dat toe wordt getreden tot nieuwe productmarkten. Pas opgestarte internationale ventures opereren vaak in onbekende economische, politieke en culturele contexten. Het toepassen van internationaal venture management heeft in dat geval de nodige organisatorische, politieke en culturele voeten in de aarde. Het is alleen al daarom belangrijk uitvoerig bij de invoering van internationaal venture management stil te staan. Het gebruikmaken van een *go-no-go* besluitvormingsproces strekt tot aanbeveling.

Verschijningsvormen

Internationaal venture management is een paraplubegrip. Er bestaan namelijk verschillende uitingsvormen van internationaal venture management. Er kunnen vier verschillende verschijningsvormen worden onderscheiden: internationale interne ventures, internationale externe ventures, internationale kapitaaldeelnemingen en internationale kennisdeelnemingen. De verschillende verschijningsvormen liggen in elkaars verlengde.

Internationale interne en externe ventures

Internationaal venture management kan betrekking hebben op zowel interne als externe ventures. In de meest elementaire vorm is een internationale venture een relatief autonome bedrijfseenheid binnen dan wel buiten de structuur van een multinationale onderneming. In het eerste geval wordt gesproken over een interne venture, in het tweede geval over een externe venture. In de internationale bedrijfspraktijk worden zowel interne als externe internationale ventures aangetroffen.

Interne ventures onderscheiden zich daarbij van externe ventures doordat bij externe ventures het concern, met uitzondering van management (know how) en kapitaal, geen verdere band onderhoudt met de venture. De externe venture kan op deze wijze optimaal profiteren van de operationele bewegingsvrijheid. Een externe internationale venture hoeft niet in het ritme van het hoofdkantoor te dansen, een interne internationale venture wel. Het hoofdkantoor van een multinationale onderneming heeft een *hands-on* relatie met een internationale interne venture en een *hands-off* relatie met een internationale externe venture.

Internationale kapitaal- en kennisdeelnemingen

Naast internationale interne en externe ventures zijn tevens internationale kapitaaldeelnemingen en internationale kennisdeelnemingen te onderscheiden. Een internationale kapitaaldeelneming kan het beste worden omschreven als een internationale venture, waarin meerdere ondernemingen (waarvan er tenminste één multinational is) financiële belangen hebben. De investeerders van kapitaal zijn ieder voor zich beperkt aansprakelijk voor het functioneren van de internationale venture. Verliezen en winsten worden op deze wijze gedeeld naar rato van de kapitaaldeelneming.

Internationale ventures waarin multinationale ondernemingen louter middels (technologische, marketing of management) kennis participeren zijn eerder uitzondering dan regel. Internationale kennisdeelnemingen zijn vooral actueel wanneer:

• De aan de internationale venture geleverde kennis nauw verwant is aan de kernactiviteiten van de multinationale onderneming (de 'leverancier' van kennis).

- De kennis multi-functioneel is (i.e. kennis die in meerdere richtingen kan worden aangewend. Managementkennis is in de regel multi-functioneel).
- De internationale venture van cruciaal belang is voor het bestendigen of versterken van de internationale concurrentiepositie van de multi-nationale onderneming.

Voordelen

Het opstarten van een internationale venture is een bij uitstek strategische beslissing. Wat zijn nu voor een onderneming de belangrijkste voordelen van het toepassen van internationaal venture management?

Flexibiliteit
Door het oprichten van een internationale venture en het positioneren van deze venture in een gegeven buitenlandse bedrijfstak, wordt een multinationale onderneming in de gelegenheid gesteld in een buitenlandse markt een ondernemingsspecifiek concurrentieel voordeel te genereren.

Internationale ventures zijn niet gebonden aan de structurele en culturele status quo die nu eenmaal opgeld doet binnen de multinationale onderneming. Internationale ventures zullen daarom, indien nodig, snel beslissingen kunnen forceren en uitvoeren. Dit maakt internationale ventures tot een interessant medium dat in de concurrentiestrijd in een overwegend onzekere buitenlandse omgeving gehanteerd kan worden. Dit zal vooral het geval zijn als de buitenlandse omgeving wordt gekenmerkt door een hoge technologische en marketingintensiteit. (Een hoge technologische intensiteit of marketingintensiteit wil zeggen dat een aanzienlijk deel van de door de onderneming gegenereerde omzet aan onderzoek&ontwikkelingsactiviteiten en marketingactiviteiten wordt gespendeerd).

Het toepassen van internationaal venture management komt de flexibiliteit van de multinationale onderneming ten goede. Op deze wijze kan een inherent nadeel van veel ondernemingen, actief in buitenlandse markten, worden gecompenseerd. Multinationale ondernemingen worden in vergelijking tot lokale rivalen geconfronteerd met een 'informatienadeel': de multinationale onderneming is in vergelijking tot de lokale onderneming (doorgaans) minder goed op de hoogte van het wel en wee van de lokale markt waarop geopereerd wordt.

Internationalisatie langs de weg van de internationale ventures zal de snelheid in besluitvorming en responsiviteit ten goede komen. Door de grotere bestuurlijke en operationele flexibiliteit kan de voornoemde 'informatiehandicap' van multinationale ondernemingen sneller worden overwonnen.

Ondernemerschap
Een ander voordeel van het op deze wijze internationaliseren is dat er iets van de sfeer van het vrije ondernemerschap in kleine internationale bedrijfseenheden geïnjecteerd kan worden. Op deze manier wordt voorkomen dat een multinationale onderneming een bezadigd instituut wordt, gestoeld op egalitaire beginselen. Het toepassen van internationaal venture management leidt ertoe dat de multinationale onderneming 'ondernemender', en daarmee effectiever, gaat opereren. Men opereert bovendien door het afwezig zijn van een dominante hiërarchie dichter op de nimmer liegende markt. Men zit korter op de bal.

Efficiëntie en effectiviteit
De compacte omvang van een internationale venture vergroot het kostenbewustwordingsproces binnen de internationale venture en de multinationale onderneming. Het afwezig zijn van enige vorm van hiërarchie sorteert olievlekachtige effecten. Middels internationaal venture management wordt een unieke brug geslagen tussen de kostenefficiëntie van de meer traditionele gecentraliseerde functionele organisatiestructuren en de flexibiliteit van de gedecentraliseerde multidivisionele structuren (als productdivisiestructuren en geografische structuren/landenorganisaties) en matrixstructuren. Het toepassen van internationaal venture management draagt daarmee bij aan:
• Het vergroten van de slagvaardigheid in optreden.
• Het manifester worden van het kostenbewustwordingsproces.

De snelheid waarmee producten lokaal ontwikkeld en vervolgens mondiaal gelanceerd worden, kan door het toepassen van internationaal venture management aanzienlijk worden opgevoerd. Multinationale ondernemingen worden daardoor in de gelegenheid gesteld snel te expanderen, waardoor geprofiteerd kan worden van de (kosten)voordelen van het snel aflopen van de ervaringscurve.

Nadelen

Naast de voordelen van het werken met internationale ventures zijn ook verschillende nadelen te onderkennen.

Langdurige aanloopverliezen
Internationale ventures zullen - door hun geringe omvang - pas na verloop van - een doorgaans lange - tijd kunnen profiteren van de kostenvoordelen van het opbouwen van ervaring met het management van de buitenlandse markt en de daarin actieve toeleveranciers, afnemers, concurrenten en overheidsinstanties. Multinationale ondernemingen die via internationale ventures (voortgaand) wensen te internationaliseren, betalen veel leergeld.

Risicovol
Verder zal er in verband met de geringe omvang van een internationale venture sprake zijn van een concentratie van risico's in slechts één of enkele van de door de venture in de buitenlandse markt aangeboden producten/processen. Internationaal venture management is een risicovolle groeistrategie.

Interne conflicten
Het praktiseren van internationaal venture management heeft vaak ingrijpende gevolgen, niet alleen voor de venture, maar ook voor de multinationale onderneming als geheel. De opgestarte venture zal door de multinationale onderneming als een intrinsiek bedrijfsonderdeel moeten worden gezien. In de praktijk blijkt een internationale venture voor veel organisatiegenoten eerder een bedreiging te zijn dan een verfrissende bedrijfshorizonverruimende uitdaging.

Binnen grote multinationale ondernemingen spelen dikwijls allerlei moeilijk te beheersen en te dirigeren politieke processen. De organisatiegenoten zijn vaak ontevreden over de voorkeursbehandeling van de door de leiding opgestarte internationale ventures. Omdat het bij internationaal venture management veelal om volkomen nieuwe projecten gaat (internationaal venture management belichaamt niet zelden de 'ver-van-mijn-bed-show'-gedachte), zal er sprake zijn van een meer dan gemiddelde aandacht van de hoogste leiding voor de desbetreffende internationale projecten.

Het zijn vooral de organisatiegenoten (van met name de staven) van de traditionele gecentraliseerde organisaties die zich in die omstandigheden in het nauw gedreven voelen. De prestigieuze internationale venture gaat namelijk eigen, onafhankelijke functionele activiteiten ontplooien. De internationale venture zal voorts gaan participeren in het allocatieproces van schaarse financiële en organisatorische middelen. Bij een gelijkblijvende 'koek' (i.e. middelen) kan de meer dan proportionele aandacht voor de internationale venture leiden tot ernstige interne (politieke) conflicten.

Het gevolg is een interne concurrentiestrijd (de term 'stammenoorlog' is beter op zijn plaats) om financiële en organisatorische middelen, hetgeen in het ergste geval kan leiden tot suboptimalisatie en daarmee een ondermijning van de concurrentiepositie van zowel de internationale venture als de multinationale onderneming als geheel.

Succesvoorwaarden

Het succesvol toepassen van internationaal venture management is met verschillende randvoorwaarden omgeven. De belangrijkste randvoorwaarden zijn:
1. Een 'corporate bewustwording' van de gevolgen van het werken met internationaal venture management.
2. Het zichtbaar maken van de afnemers.
3. 'Sterk' leiderschap.
4. Het nauwkeurig selecteren van de personele bemensing van de internationale venture.
5. Het voorkomen van het 'recht-toe-recht-aan' toepassen van de in het multinationale concern operationele managementcontrol-mechanismen.

Basisvoorwaarde is dat de lokale buitenlandse bedrijfstak voldoende (groei)mogelijkheden zal moeten bezitten om het bestaansrecht van de opgestarte internationale venture te garanderen. Het is belangrijk om hier uitvoerig bij stil te staan. Buitenlandse productmarkten die in het pioniers- en groeistadium verkeren zijn natuurlijk aantrekkelijker dan markten die de volwassenheidsfase inmiddels achter de rug hebben.

Corporate bewustwording

Het toepassen van internationaal venture management brengt de nodige culturele en organisatorische aardverschuivingen teweeg. De concernleiding zal zich hier ten zeerste van bewust moeten zijn: de zin *van* internationaal venture management is vooral een functie van de zin *in* internationaal venture management. Het ontwikkelen van internationale initiatieven - van welke hoedanigheid dan ook - vereist een langetermijncommitment van de leiding.

Zichtbaar maken van afnemers

Het is van belang dat de afnemer van het product/proces van een internationale venture niet te lang hypothetisch blijft. De (potentiële) afnemer moet in een relatief vroeg stadium geconcretiseerd worden. Het is daarom belangrijk als internationaliserende onderneming om de markt zo scherp mogelijk in kaart te brengen.

Multinationale ondernemingen met een marktoriëntatie (in plaats van een productoriëntatie) zijn daarbij in het voordeel. Producten moeten altijd mede worden ontwikkeld op basis van informatie en kennis over zowel de concurrent als de afzetmarkt. Dat geldt vooral voor ondernemingen die internationaal de boer op willen gaan.

Sterk leiderschap

Het management zal zich bij het toepassen van internationaal venture management zoveel mogelijk afzijdig moeten houden. Dit vergt in zeker opzicht 'sterk' leiderschap. Bemoeizuchtig leiderschap is uit den boze, wil internationaal venture management tot een succes worden. De organisatiecultuur bepaalt of dergelijk leiderschap al dan niet wortel schiet. Sterk leiderschap is de kurk waarop internationaal venture management drijft.

Woekeren met vaardigheden

Voorts zullen multinationale ondernemingen het ondernemend vermogen, opgeslagen in het personeel van de internationale venture, moeten aanspreken, kanaliseren en stimuleren. Er zal - gezien de problemen gelieerd aan het bemensen van een internationale venture - een aantal nauwgezette eisen moeten worden gesteld aan:

- De competentie van het management van een in een buitenlandse markt opgestarte venture.
- Het management van het hoofdkantoor, verantwoordelijk voor de uiteindelijke bemensing.

Het zal duidelijk zijn dat dit een nieuw accent toevoegt aan het internationale personeelsbeleid van een multinationale onderneming. Het is zaak hier veel tijd en aandacht aan te spenderen, omdat het internationale personeelsbeleid alleen maar geld lijkt te kosten, terwijl een kwalitatief hoogwaardig personeelsbeleid op een wat langere termijn alleen maar geld oplevert.

Geen 'dwingende' managementsystemen

Een belangrijke randvoorwaarde voor het ontwikkelen van een succesvol internationaal venturebeleid is het creëren van de juiste organisatorische inbedding. Het gaat dan om zaken als taken, procedures en informatiesystemen. De 'dwingende' managementsystemen van multinationale ondernemingen zullen nooit aan de internationale ventures moeten worden opgelegd. Grote multinationale ondernemingen hebben in de regel een omvangrijk en indrukwekkend beoordelings-, plannings- en beheersingssysteem.

Multinationale ondernemingen die besluiten een buitenlandse venture op te richten willen, omwille van redenen van nieuwheid ('verandering van spijs doet eten'), prestige ('internationaal actief worden/zijn is chic'), macht ('het moet duidelijk zijn wie hier de baas is') en beheersing (de uitingsvorm pur sang van onzekerheid), niet zelden een duidelijk stempel drukken op het beleid van de in het buitenland opgestarte venture. De stringente managementsystemen fungeren niet zelden als een organisatorische formule, een blauwdruk.

Het toepassen van dergelijke systemen heeft twee belangrijke gevolgen:
- De internationale venture krijgt te weinig bewegingsvrijheid. Daardoor loopt de internationale venture een gerede kans in haar oorspronkelijk bedoelde opzet te mislukken.

- De prestatiebeoordelingssystemen van de multinationale onderneming beoordelen de internationale venture managers op een onjuiste wijze.

Managers van internationale ventures zullen niet beoordeeld moeten worden aan de hand van de mate waarin de resultaten van de internationale ventures overeenstemmen met de van tevoren geopperde verwachtingen. Het kenmerk van internationaal venture management is juist dat projecties in feite inherent speculatief zijn. Dat komt doordat projecties gebaseerd zijn op fragiele veronderstellingen over - de dikwijls pulserende - buitenlandse economische, politieke en culturele omgeving (waarmee men bovendien niet zelden onbekend is). In dergelijke turbulente en weinig voorspelbare omgevingen is het bijzonder moeilijk, zo niet onmogelijk, een beeld te schetsen van de te verwachten resultaten van de internationale venture. Schattingen hebben in dat geval een wel heel ruw karakter. Een afweging tussen verwachting en resultaat is in dat geval niet relevant. Traditionele plannings- en beoordelingssystemen zijn in dergelijke omstandigheden niet langer toepasbaar. Dit vergt andermaal bewustwording van het feit dat het bij internationaal ondernemen vaak gaat om het maken van geestelijke sprongen, mentale salto mortales. Het zal duidelijk zijn dat niet iedere onderneming daartoe in staat is.

Lessen

Dit hoofdstuk bevat diverse expliciete en misschien nog wel meer impliciete lessen. Alleen de zeven belangrijkste lessen die in het centrum van de belangstelling van het management van iedere internationaliserende onderneming behoren te staan, worden hier belicht. De lessen hebben dan ook een hoog voorschrijvend en normatief gehalte.

Les 1. Voorkom het toepassen van 'concernregels' in de internationale venture
Het is bovenal zaak - wil men als internationaliserende onderneming ten volle profiteren van internationale ventures - aandacht te schenken aan de procedures en processen ten behoeve van het (enigszins) 'beheersen' van de activiteiten van internationale ventures. De regels die binnen het hoofdkantoor van de multinationale onderneming van toepassing zijn zullen beslist niet in de internationale venture gemeengoed moeten worden. Dit vergt, zoals reeds eerder vermeld, 'sterk' leiderschap.

Les 2. Schenk veel aandacht aan het management van 'spanningen'
Internationale ventures zullen in het begin kwetsbaar zijn. De steun van het hoofdkantoor is gedurende deze fase in de regel onontbeerlijk. Die steun moet echter niet ontaarden in een chronische inmenging in het beleid van de internationale venture. Daarom is het belangrijk dat er voor de internationale venture een eigen venturebudget wordt aangelegd. Dit om te voorkomen dat in tijden van een verminderde rentabiliteit van het hele multinationale concern, het eerst op de activiteiten van de internationale ventures bezuinigd zal worden. Dat zijn immers relatief kleine activiteiten met een geringe 'politieke' *impact*, zo men wil machtsbasis.

Er zal sneller worden bezuinigd op de activiteiten van internationale ventures, indien het werkterrein via internationale ventures niet-verwant wordt verruimd. De internationale ventures fungeren in dat geval niet zelden als veredelde speeltuin voor experimenterende topmanagers. Internationale ventures zullen met andere woorden financieel onafhankelijk moeten zijn. Activiteiten van internationale ventures zullen enerzijds in de gaten moeten worden gehouden (hetgeen centralisatie impliceert), terwijl anderzijds internationale ventures over een eigen budget moeten beschikken (hetgeen delegatie vereist). Bijgevolg: spanningen. Het is zaak veel aandacht te schenken aan het management van deze spanningen. Puttend uit de nodige ervaring kan gesteld worden dat men met een uitermate lastig te doorgronden spanningsbalans te maken heeft.

Les 3. Benadruk het belang van vernieuwing
Veel resultatenrekeningen van multinationale ondernemingen dragen de last van het verleden met zich mee: een gebrek aan continue vernieuwing. Vernieuwing wordt in die multinationale ondernemingen gefrustreerd door:
- Traditie (een streven 'het bestaande' in stand te houden).
- Complexe structuren en systemen (die de horizontale en vertikale doorstroming van informatie en communicatie belemmeren).
- De heersende 'technologische mentaliteit' (een voorkeur voor 'evolutie' in plaats van 'revolutie').

Nieuwe producten behoren niettemin het levensbloed van multinationale ondernemingen te zijn. Juist met nieuwe producten is het immers mogelijk om onderscheidend op een lokale buitenlandse markt op te treden. Internationaal venture management is *de* managementmethode bij uitstek die hier vorm en inhoud aan geeft. Het biedt de voordelen van vernieuwing en wendbaarheid van kleine ondernemingen, en de financiële *deep pocket* van grote ondernemingen.

Les 4. Mobiliseer ideeën, het goud van de toekomst

Iedere internationale venture fungeert als een onafhankelijk business-systeem dat levensvatbaar is doordat geconcurreerd wordt op grond van een krachtig idee dat in de internationale venture technisch geconcretiseerd en daaropvolgend vercommercialiseerd wordt. In het aanvangsstadium van de levenscyclus van de internationale venture is dit idee zelfs het enige 'eigen vermogen' van de internationale venture. Er wordt internationaal in essentie op grond van productieve ideeën geconcurreerd. Internationaal succes is niet een functie van een goed gevulde beurs, geavanceerde technologie, omvang dan wel commercieel ingestelde en internationaal georiënteerde managers, maar simpelweg van krachtige, in commercieel opzicht lucratieve ideeën. Dit impliceert een managementoriëntatie op het (dynamische) 'worden' in plaats van het (statische) 'zijn'.

Iedere internationale venture moet dus in essentie rondom een vernieuwend idee worden geformeerd. Ideeën vormen het belangrijkste activum van een internationaliserende onderneming (en - hoewel op deze plaats minder actueel - horen in die hoedanigheid eigenlijk op de balans van een multinationale onderneming te prijken).

Les 5. Koester ervaring, een uiterst kostbaar kleinood

Multinationale ondernemingen kunnen profiteren van synergetische effecten. Deze effecten kunnen het gevolg zijn van het overdragen van de door een internationale venture opgebouwde ervaring naar andere delen van het internationaliserende bedrijf. De in een gegeven internationale venture opgebouwde ervaring kan de ontbrekende schakel zijn voor een andere bedrijfseenheid (divisie of business unit). Door het transfereren van deze ervaring kan een voorheen in één van deze voornoemde eenheden niet-competitief product en/of proces onderscheidend, en daarmee competitief gemaakt worden. Synergetische effecten tussen bedrijfseenheden hebben positieve gevolgen voor het gehele multinationale concern.

Een bijkomend voordeel is dat door dit uitwisselen van ervaring de verschillende delen van het multinationale concern 'elkaars taal beter leren spreken'. De verschillende onderdelen van een internationaliserende onderneming spelen daardoor steeds beter op elkaar in. Men is immers beter bekend met elkaars sterke en zwakke punten.

Het topmanagement moet echter altijd een vinger aan de pols houden. Dit kan niet genoeg worden benadrukt, want ook nu is er vaak sprake van een gemakkelijk te creëren maar moeilijk te dichten kloof tussen mooie, veelbelovende concepten/woorden en moeilijk te realiseren, tot de verbeelding sprekende prestaties/daden.

Les 6. Planning moet, alleen niet strategisch maar indicatief

Internationaal venture management vergt een nieuwe manier van concernplanning. Geen dominerende, rigide strategische planning waarbij strategieën en (toe te kennen) middelen worden afgeleid van de concerndoelstellingen en -missie, maar in plaats daarvan een verschuiving richting *indicatieve* planning. Vernieuwende activiteiten zullen in deze opvatting niet langer aan de concernmissie, -doelstellingen, en -strategieën moeten worden aangepast. In plaats daarvan zullen de concernmissie, -doelstellingen en -strategieën aan de door de internationale venture geïnitieerde vernieuwende activiteiten moeten worden aangepast. De omgekeerde wereld dus. Innovatieve producten en processen doen dienst als expansievliegwiel, niet op missies, doelstellingen en strategieën gebaseerde rigide strategische concernplannen.

Les 7. Cultuur is een kritische, maar weerbarstige succesfactor

De grootste barriere voor het succesvol toepassen van internationaal venture management is de traditionele en hardnekkige behoefte de culturele status quo te ontzien c.q. te koesteren. Juist hierin zullen veranderingen moeten worden aangebracht. Het leren toepassen van internationaal venture management behelst niet zelden het afleren van andere managementpraktijken. Daar komt nog bij dat dit leren en afleren niet na elkaar maar tegelijkertijd moet geschieden. Dit maakt het succesvol toepassen van internationaal venture management er bepaald niet eenvoudiger op.

Noten

[1] Zie P.K. Jagersma, "Inkomende directe buitenlandse investeringen en vestigings-plaatsfactoren: theorie en empirie", in: J. van Dijk en M.W. de Jong [ed.], "Nieuwe ideeën in Nederlands ruimtelijk onderzoek", Regional Science Association, Amsterdam, 1995

[2] Zie T. Levitt, "The Globalization of Markets", Harvard Business Review, p. 92-102, mei/juni 1983.

[3] Zie bijvoorbeeld B. Kogut, "Designing Global Strategies: Comparative and Competitive Value Added Chains", Sloan Management Review, p. 15-24, nummer 4, 1985.

[4] Exponent van deze gedachtengang is M.E. Porter [ed.], "Competition in Global Industries", Harvard Business School Press, Mass., 1986.

[5] Zie M.E. Porter, "The Competitive Advantage of Nations", The MacMillan Press, New York, 1990.

[6] Zie K. Ohmae, "The Borderless World", Fontana, London, 1990.

[7] Zie het 'klassieke' artikel van R. Biggadike, "The Risky Business of Diversification", Harvard Business Review, p. 103-111, nummer 3, 1979.

6
INTERNATIONALISATIE-STRATEGIEËN VAN NEDERLANDSE DIENSTENONDERNEMINGEN

Negen bloeiende, internationaal opererende Nederlandse dienstenondernemingen: hoe zijn ze in amper 25 jaar zo ver gekomen? Een onderzoek naar hun ontwikkelingsgang levert een bont palet aan karakteristieken op. De ondernemingen verschilden onder meer in omvang, in de verhouding binnenland/buitenlandbedrijf en in de mate van diversificatie. Ze vertoonden echter op verschillende punten ook treffende overeenkomsten. Die overeenkomsten hadden onder meer betrekking op de 'stuwende krachten' annex internationalisatiemotieven, de strategie en de structuur en vormden het vertrekpunt voor het internationalisatieproces zoals dat hier wordt beschreven.

Het internationalisatieproces van het werkterrein van de hier bestudeerde dienstenondernemingen heeft gedurende de periode 1965 tot en met 1989 via relatief goed te onderscheiden fasen plaatsgevonden. In kader 1 heb ik de bestudeerde negen dienstenondernemingen alsmede de gehanteerde onderzoeksaanpak beschreven.

1 De dienstenondernemingen en de researchstrategie

In dit onderzoek hebben we de internationale expansie van negen Nederlandse dienstenondernemingen bestudeerd. Het ging om de drie grootste ondernemingen uit drie relatief homogene bedrijfstakken: uitgeverij, verzekeringen en banken. De negen ondernemingen waren: VNU, Elsevier, (Wolters-)Kluwer, Nationale-Nederlanden, AEGON (inclusief de rechtsvoorgangers AGO en ENNIA), AMEV, de ABN Bank, de Amro bank alsmede de NMB (later ING).

Ik heb het internationalisatieproces van deze negen ondernemingen voor de periode 1965 tot en met 1989 beschreven. Het empirische onderzoek werd vanzelfsprekend gevoed door feiten. De feiten waren afkomstig uit jaarverslagen, bedrijfsdocumenten, de financiële pers, onderzoeksrapporten, alsmede persoonlijke diepte-interviews met vele topmanagers (het merendeel was voorzitter van de Raad van Bestuur).

Het model dat het 'waarom' en 'hoe' van het internationaliseren visualiseert, bestaat uit drie fasen. De verschillende fasen beslaan verschillende configuraties van organisatieontwerpvariabelen. Die variabelen hebben de neiging elkaar te beïnvloeden. De twee organisatieontwerpvariabelen die in dit onderzoek zijn bestudeerd - de strategie en de structuur van dienstenondernemingen - geven samen met een 'stuwende kracht' annex internationalisatiemotief vorm aan een fase.

Iedere fase vangt aan met een stuwende kracht. Een fase eindigt met een structuur. In kader 2 wordt het proces van het internationaliseren van negen dienstenondernemingen in de verschillende te onderscheiden fasen ontleed. De pijlen geven de invloedsrichting van de parameters aan. De continue behoefte aan een doorzichtige structuur is de belangrijkste drijfveer voor het doorvoeren van herstructureringen dan wel ingrijpende reorganisaties. Die herstructureringen werden in de praktijk langzaam doorgevoerd. Dit was vooral het geval als vroegere structuren lange tijd succesvol waren, dat wil zeggen verantwoordelijk waren voor een efficiënte en effectieve beheersing van de activiteiten van de dienstenondernemingen.

Fase één

Halverwege de jaren zestig waren de hier bestudeerde dienstenondernemingen in één product-markt dan wel verschillende product-markten marktleider. De dienstenondernemingen werden daardoor min of meer gedwongen op zoek te gaan naar nieuwe product-markten. Twee opties domineerden de discussies die op de hoofdkantoren van de multinationale ondernemingen werden gevoerd: diversificatie en internationalisatie.

Voor wat betreft het diversificeren van het werkterrein geldt dat alle dienstenondernemingen - met uitzondering van het bankwezen (in verband met het bestaan van de deelnemingsbeperking) - pogingen ondernamen om het werkterrein te diversificeren (ex post zonder veel succes).

De tweede beleidsoptie werd echter door het topmanagement als aantrekkelijker gekwalificeerd. Ingeval het internationaliseren van het werkterrein zou men dezelfde product-markten kunnen bewerken. Met deze product-markten was men vertrouwd. De vertrouwde strategie van horizontale expansie zou gecontinueerd kunnen worden. De omvang van het in het binnenland opgebouwde marktaandeel vormde een belangrijke factor in de overweging van de hoogste leiding al dan niet (op grotere schaal) te internationaliseren (een voortgaande expansie in de bestaande binnenlandse product-markten zou immers slechts marginale/kostbare veranderingen teweeg brengen).

De ondernemingen waren overtuigd van de noodzaak te internationaliseren. Alle directies hadden hoge verwachtingen van het internationaliseren van het werkterrein. De op de thuismarkt opgebouwde concurrentievoordelen waren gebaseerd op een immaterieel activum: ervaring met het aanbieden van een gegeven product in een gegeven markt. De hoogste leiding was ervan overtuigd dat men daardoor weinig van de lokale (buitenlandse) concurrentie had te vrezen. Op immateriële voordelen gebaseerde concurrentievoordelen waren naar de mening van de toenmalige directies niet op relatief korte termijn te imiteren. De op de thuismarkt opgebouwde ervaring met het aanbieden van een gegeven product (tot uiting komend in - 'verdedigbaar' geachte - concurrentievoordelen) fungeerde als vertrekpunt voor het penetreren van buitenlandse product-markten.

De dienstenondernemingen waren niet de enige ondernemingen die internationaliseerden. Ook industriële ondernemingen internationaliseerden vanaf het begin van de jaren zestig op grote(re) schaal het werkterrein. Deze internationalisatiebeweging had verstrekkende financiële gevolgen voor het strategische beleid van de dienstenondernemingen. De (vooraleerst) financiële dienstenondernemingen moesten de internationaliserende industriële cliënten ('corporate clients') volgen. Het niet volgen van cliënten betekende eenvoudigweg het verlies van cliënten en daardoor het derven van winst en/of groei. Deze laatste 'stuwende kracht' was niet van invloed op het internationaliseren van VNU, Elsevier en Kluwer.

De meeste internationaliserende dienstenondernemingen werden geconfronteerd met een gebrek aan ervaring met het expanderen in een gegeven (onbekende) buitenlandse (product-)markt. De internationaliserende dienstenondernemingen moesten een aanzienlijke hoeveelheid middelen investeren in het *screenen* van de onbekende omgeving en het neutraliseren van de nadelen van het onbekend zijn met die nieuwe omgeving. Nationale-Nederlanden en de ABN Bank namen een uiitzonderingspositie in, omdat beide ondernemingen (met name de ABN Bank) al voor de jaren zestig een significant deel van hun omzet uit het buitenland haalden. Nationale-Nederlanden (via rechtsvoorganger De Nederlanden) en de ABN Bank genoten dan ook een ervaringsvoordeel met betrekking tot het internationaliseren van het werkterrein.

De andere dienstenondernemingen verkeerden pas in het aanvangsstadium van het internationaliseren. Het gebrek aan ervaring met het internationaliseren was er dan ook voor verantwoordelijk dat het internationaliseren lange tijd als een kostbare strategie werd gezien (hetgeen de snelheid van het internationaliseren negatief heeft beïnvloed): de (omvangrijke en zekere) 'cost' ging voor de (onzekere) 'baet' uit.

Het gebrek aan ervaring met het starten en managen van internationale initiatieven vereiste een daarop toegesneden strategie. Dienstenondernemingen met een gebrek aan ervaring namen bij voorkeur hun toevlucht tot allerlei vormen van grensoverschrijdende samenwerking. De voorkeur voor internationale samenwerkingsvormen als joint ventures en deelnemingen ligt enigszins voor de hand. Internationalisatie via samenwerking met lokale dan wel derde ondernemingen is minder riskant dan internationalisatie via start-ups en acquisities. Via samenwerking kon tegen relatief weinig risico's op een relatief goedkope manier en in een relatief kort tijdsbestek geïnternationaliseerd worden. Op deze manier kon in het bijzonder van de ervaring van lokale en derde ondernemingen/partners met het bewerken van een gegeven buitenlandse afzetmarkt geprofiteerd worden. Daarbij werd de 'richting' van de horizontale expansie - 'meer van hetzelfde' - gevolgd. Twee uitzonderingen voor wat betreft de manier van internationaliseren waren Nationale-Nederlanden en de ABN Bank. Nationale-Nederlanden en de ABN Bank hadden al veel ervaring met het management van internationale initiatieven opgedaan. Zij expandeerden dan ook regelmatig via internationale start-ups.

---

3 Concernstructuren

Functionele structuur: een structuur waarbij de bedrijfsactiviteiten geclusterd worden rondom de functies die door de onderneming worden uitgeoefend (dat wil zeggen de organisatiestructuur wordt opgezet rondom ontwikkelingsactiviteiten, productie-activiteiten en verkoopactiviteiten).

Internationale divisiestructuur: structuur waarbij het merendeel van de internationale activiteiten van een onderneming geconcentreerd worden in één divisie. De overige (nationale en soms enkele internationale) activiteiten worden in productdivisies ondergebracht.

Geografische structuur: structuur die ook wel 'regionale' of 'area' structuur wordt genoemd waarbij de activiteiten gegroepeerd worden naar de verschillende geografische gebieden waarin de onderneming actief is.

Productdivisiestructuur: structuur waarbij de activiteiten van een onderneming in productdivisies zijn ondergebracht. De focus is op de producten of productgroepen die - gebundeld in de 'product-divisies' - worden aangeboden.

Matrixstructuur: structuur waarbij het streven naar dualiteit in rechten en plichten wordt geformaliseerd. We spreken wel over een *dual chain of command*. In matrixstructuren wordt gebruik gemaakt van *multiple commanding*: managers leggen verantwoordelijkheid af van hun werkzaamheden aan twee of meer dan twee hiërarchisch hoger geplaatsten.

Hybride structuur: in hybride structuren zijn de bedrijfseenheden georganiseerd rondom tenminste twee regio's, gecombineerd met divisies georganiseerd rondom één (of meerdere) functies(s) en/of product(en).

Bron: Jagersma, P.K., "Multinationale concernstructuren", in: Economisch-Statistische Berichten, Jaargang 78, 3-2-1993; p. 1106; Jagersma, P.K., "Internationaal Management", Stenfert Kroese, Houten, 1996.

De dienstenondernemingen maakten op dat moment van relatief eenvoudige productdivisiestructuren gebruik (uitzonderingen waren niettemin de ABN Bank met een geografische structuur en de Amro Bank met een internationale divisiestructuur). De productdivisiestructuur sloot goed aan bij de groeidoelstellingen van de dienstenondernemingen. Een productdivisiestructuur leent zich goed voor ondernemingen die met het bestaande activiteitenpakket snel willen expanderen. Ook nieuwe activiteiten, mits geconcentreerd rondom een gegeven product(groep), kunnen relatief eenvoudig aan de structuur worden toegevoegd. Kader 4 geeft een samenvattend overzicht van de voor- en nadelen van de gespecificeerde concernstructuren.

---

4 Voor- en nadelen van concernstructuren

Structuur Doelstelling	FS	IDS	GS	PDS	MS	HS
Groei	+/-	+/-	+/-	+	+/-	+
Diversificatie	-	-	+/-	+	+/-	+/-
Beheersing	+	+	+/-	+/-	+/-	+/-
Kostenminimalisatie	+	+	-	-	-	+/-
Flexibiliteit	-	+	+	+/-	-	+/-

Toelichting
+   structuur sluit goed aan bij doelstelling
+/-   structuur sluit redelijk aan bij doelstelling
-      structuur sluit niet goed aan bij doelstelling

FS   functionele structuur
IDS   internationale divisiestructuur
GS   geografische structuur
PDS   productdivisiestructuur
MS   matrixstructuur
HS   hybride structuur

Bron: Jagersma, P.K., "Multinationale concernstructuren", in: Economisch-Statistische Berichten, Jaargang 78, 3-2-1993; p. 1106; Jagersma, P.K., "Internationaal Management", Stenfert Kroese, Houten, 1996.

De geografische structuur van de ABN Bank viel vanuit twee invalshoeken te verklaren:

• De geografische diversiteit van het werkterrein. De ABN Bank was in het midden van de jaren zestig al in vele landen actief. Er was sprake van een omvattende geografische scope: het aantal landen dat bewerkt werd was groot. In dat geval is het voor de hand liggend dat de activiteitenrange van een onderneming naar regio's wordt georganiseerd. De geografische structuur weerspiegelt de diversiteit in de bediende geografische markten.

- De omvang van het buitenlandbedrijf (in het bijzonder gemeten in termen van het aantal internationale bedrijfseenheden): de behoefte de internationaal geëntameerde activiteiten in een geografische structuur onder te brengen zal groter zijn, naarmate de omvang van het buitenlandbedrijf toeneemt. Gezien de omvang van het buitenlandbedrijf van de ABN Bank was het begrijpelijk dat de in de verschillende regio's ontplooide activiteiten in een geografische structuur werden ondergebracht. De omvang van het buitenlandbedrijf van de ABN Bank was in het midden van de jaren zestig van dien aard, dat het op dat moment reeds mogelijk was dit buitenlandbedrijf aan de hand van een geografische structuur te beheersen.

De andere dienstenondernemingen hadden een minder omvattende geografische scope en een minder omvangrijk buitenlandbedrijf. De internationale divisiestructuur van de Amro Bank moet - gezien de geringe omvang van het buitenlandbedrijf - als een vreemde eend in de bijt gekwalificeerd worden. Het organisatieontwerp van de andere internationaliserende dienstenondernemingen was gebaseerd op:

- De producten die werden aangeboden, in plaats van de regio waarin die producten werden aangeboden. De productdivisiestructuren van de uitgevers en de verzekeraars waren het resultaat van de beperkte, rondom diensten georganiseerde activiteitenrange.

- Een aantal in die tijd tot stand gebrachte fusies. De productdivisiestructuur maakte het mogelijk zonder noemenswaardige integratie-inspanningen de in die dagen fuserende ondernemingen samen te voegen. De verschillende samengevoegde productdivisies ressorteerden onder één leiding, vanaf dat moment vaak 'Raad van Bestuur' of 'Hoofddirectie' genoemd. VNU, Nationale-Nederlanden, AGO en Ennia vormen hier voorbeelden van. Deze concerns concentreerden zich in het midden en het einde van de jaren zestig - na de gerealiseerde fusies - in eerste aanleg op het samenvoegen van de productdivisies (alle productdivisies bleven naast elkaar voortbestaan) in plaats van het in elkaar passen van de verschillende productdivisies (leidend tot nieuwe productdivisies en het integreren van de activiteitenrange). De respectieve Raden van Bestuur - die uit de hoogste leiding van de respectieve fusiepartners werd geformeerd - hielden zich bezig met het management van een verzameling productdivisies. Het ging derhalve om het management van een optelsom van productdivisies van de fuserende ondernemingen.

De functionele structuur werd niet aangetroffen. In zeker opzicht is dit - getuige de karakteristieken die aan een functionele structuur moeten worden toegedicht - begrijpelijk. De gecentraliseerde functionele structuur leent zich in het bijzonder voor het minimaliseren van de kosten, omdat de belangrijkste organisatiefuncties (R&D, Productie en Marketing) in afzonderlijke organisatiepoten zijn ondergebracht. De verschillende activiteiten die de *value chain* vormen zijn vanwege de ver doorgevoerde specialisatie in verschillende divisies ondergebracht. De nadruk ligt daarmee op het realiseren van de efficiëntievoordelen van schaaleffecten. De voeling met de operationele bedrijfspraktijk - die voor dienstenondernemingen vanwege de marktgerichtheid van groot belang is - komt door het hoge niveau van winstverantwoordelijkheid op de tocht te staan.

De functionele structuur is een gecentraliseerde en weinig flexibele structuur en daarmee weinig geschikt als structuur voor een internationaliserende dienstenonderneming. Het gebruik van een functionele structuur is omgekeerd evenredig met een toeneming van de omgevingscomplexiteit. Deze complexiteit wordt op het internationale toneel gevoed door:
• De transfer van informatie die over - soms omvangrijke - geografische en culturele afstanden plaatsheeft.
• Wisselkoersbewegingen.
• Een zich actief profilerende lokale overheid (en de onzekerheid die daarvan en van het niet-profileren uitgaat), alsmede
• Het niet dan wel in onvoldoende mate beschikbaar zijn van de voor de bedrijfsuitoefening benodigde productiefactoren (als kapitaal en management).

Gedurende de jaren zestig bouwden de internationaliserende diensten-ondernemingen hun buitenlandbedrijf gestadig uit. Aan het einde van de jaren zestig hadden zij een netwerk van internationale bedrijfs-eenheden opgebouwd. De internationale bedrijfseenheden moesten in eerste instantie inzicht verschaffen in de kansen en bedreigingen van een gegeven buitenlandse product-markt. Internationale bedrijfs-eenheden fungeerden als 'uitkijkposten', marketinginstrumenten waar-mee informatie over de lokale (product-)markt vergaard kon worden. Daarmee volgden de Nederlandse internationaliserende onderne-mingen een overeenkomstige strategie en structuur als hun Amerikaan-se tegenhangers.

In deze internationalisatiefase was de internationale bedrijfseenheid af-hankelijk van de middelen van het hoofdkantoor. Het hoofdkantoor leverde management (*expatriates*), kapitaal en technologie. De interna-tionale bedrijfseenheden waren in de regel klein van omvang. De ont-wikkeling van een internationale bedrijfseenheid werd voor een be-langrijk deel in een door het hoofdkantoor gewenste richting gediri-geerd: de internationale bedrijfseenheid liep aan de leiband van het hoofdkantoor.

Tussen de internationale bedrijfseenheden bestonden geen contacten. Er vond geen onderlinge uitwisseling plaats van ervaring met het be-werken van buitenlandse product-markten (bijvoorbeeld het uitwis-selen van ervaring met het management van 'politiek' kapitaal). Een in een gegeven bedrijfseenheid gerijpt excellent idee had nog geen universele geldigheidswaarde als basis voor een concurrentieel voor-deel. De organisatorische architectuur die het mogelijk zou moeten maken ontbrak daarvoor eenvoudigweg. Door het beperkte aantal inter-nationale activiteiten en - in het verlengde daarvan - de relatief geringe prioriteit van het buitenlandbedrijf (in vergelijking tot het binnen-landbedrijf) was er geen informatiesysteem dat het onderling uit-wisselen van ervaring mogelijk maakte dan wel aanmoedigde.

De internationale bedrijfseenheden opereerden dicht op de markt. Dit was gezien de aard van de aangeboden producten noodzakelijk. Het beperkte buitenlandbedrijf vereenvoudigde het beheersen van de door de internationale bedrijfseenheid geëntameerde activiteiten. Niet zelden werd er door een internationale bedrijfseenheid maar één productlijn aangeboden. De internationale bedrijfseenheden maakten in dit stadium van het internationaliseren met name gebruik van nisstrategieën. Op deze manier nam de ervaring met het - middels een beperkte activiteitenrange - bewerken van een gegeven afzetmarkt snel toe.

Tot en met het begin van de jaren zeventig waren de dienstenondernemingen (met uitzondering van de ABN Bank en de Amro Bank) georganiseerd naar productdivisies en werd bij voorkeur van internationale vormen van samenwerking gebruik gemaakt. Het bescheiden buitenlandbedrijf werd geleid door *expatriates*. Het denken vanuit de thuismarkt - ook wel 'etnocentrisme' genoemd - stond centraal in dit stadium van het internationaliseren: de internationale bedrijfseenheden fungeerden vooral als verlengd informatiekanaal dan wel snuffelpalen van het in het moederland gevestigde hoofdkantoor.

Fase twee

Vanaf het begin van de jaren zeventig nam door de voortgaande internationalisatie van de dienstenondernemingen de behoefte aan het inpassen van het geografische element in het organisatieontwerp toe. De ABN Bank beschikte reeds over een structuur die naar regio's was opgezet. De structuur van de ABN Bank was daardoor goed op de voortgaande internationalisatie toegesneden.

Verschillende dienstenondernemingen begonnen de in het buitenland geëntameerde activiteiten in een internationale divisie in te voeren. VNU (1971) en Kluwer (1972) adopteerden een internationale divisiestructuur. Elsevier, Nationale-Nederlanden, AGO, Ennia, AMEV en de NMB Bank bleven een productdivisiestructuur voeren.

Ondanks de reeds ingezette economische teruggang werd de roep onder dienstenondernemingen om het werkterrein op grotere schaal te internationaliseren luider. Dit was opmerkelijk, omdat de teruggang in de economische bedrijvigheid zich niet voor tijdelijk liet aanzien. Het topmanagement van de respectieve dienstenondernemingen was echter niet van plan voor wat betreft het internationaliseren pas op de plaats te maken. Achterliggende verklaringen voor het aan de dag gelegde streven het werkterrein voortgaand te internationaliseren waren de volgende:

- De dienstenondernemingen domineerden nog steeds het merendeel van de binnenlandse product-markten. Die ondernemingen werden echter geconfronteerd met de Wet van de Afnemende Meeropbrengsten: het additionele resultaat (gemeten in termen van bijvoorbeeld de winstgevendheid) dat van iedere eenheid extra marktaandeel (bijvoorbeeld gemeten in termen van tienden van procenten) werd verkregen nam af. Een groeiend eigen marktaandeel zou steeds vaker ten koste moeten gaan van ondernemingen die eveneens een steeds groter marktaandeel hadden weten te veroveren. Het verplaatsen van het expansievizier naar de 'thuismarkt' was daarom geen aantrekkelijk vooruitzicht.

- Het topmanagement van de multinationale dienstenondernemingen vond het - met het oog op de verslechterende conjunctuur - verstandiger de geografische *scope* te verruimen. Risicospreiding was het parool. Het internationaliseren van het werkterrein moest eerst en vooral leiden tot het spreiden van risico's. Alleen op deze manier werd het mogelijk geacht de gedurende de jaren zestig behaalde goede en relatief stabiele winstcijfers te continueren.

Het spreiden van risico's bleef ook gedurende de tweede helft van de jaren zeventig de belangrijkste stuwende kracht. Het spreiden van de winstbronnen over verschillende landen bleef - vanwege de stagnerende dan wel teruglopende conjunctuur die vrijwel alle product-markten in vrijwel alle landen (op verschillende momenten) trof - het *Leitmotiv* van de internationaliserende dienstenondernemingen.

Het internationaliseren uitte zich in een steeds omvangrijkere stroom internationale acquisities, joint ventures en deelnemingen. Langs deze weg kon snel vorm en inhoud worden gegeven aan het streven de risico's van het ondernemen internationaal te spreiden. Opvallend was dat de dienstenondernemingen die het internationaliseren van het werkterrein in het bijzonder in de vorm van joint ventures en deelnemingen hadden gegoten - onder meer VNU, de Amro Bank en de NMB Bank - vaker dan voorheen ontevreden waren over het niet bezitten van autonomie en de daarmee verbonden zeggenschap. De beslissingen van het hoofdkantoor van die ondernemingen conflicteerden niet zelden met de beslissingen van de partnerondernemingen. Naar aanleiding daarvan werden diverse minderheidsbelangen in meerderheidsbelangen omgezet.

De snelle internationalisatie kon niet op een andere manier - bijvoorbeeld op eigen kracht - verwerkelijkt worden. De omvang van het ervaringspotentieel van de betreffende ondernemingen met het management van buitenlandse initiatieven was in dit stadium van het internationaliseren (nog) te gering (Nationale-Nederlanden en de ABN Bank waren andermaal uitzonderingen). Bij het samenwerken met en het acquireren van buitenlandse ondernemingen stond dan ook centraal, dat de samenwerkings- en overnamekandidaten voldoende ervaring met het bewerken van de lokale (en in sommige gevallen - voor sommige producten - mondiale) afzetmarkt(en) moesten hebben.

Dit verklaart (mede) waarom aan het einde van de jaren zeventig op relatief grote schaal grote buitenlandse ondernemingen werden overgenomen. De grote acquisities van onder meer Nationale-Nederlanden, AGO, Ennia, de ABN Bank en AMEV (met name in de Verenigde Staten) waren illustratief voor dit stadium van het internationaliseren.

Voor alle dienstenondernemingen gold onverkort: horizontale internationalisatie had het primaat. Buitenlandse ondernemingen met dezelfde dan wel een overeenkomstige activiteitenrange als de acquirerende dienstenonderneming werden bijvoorbeeld - vaak met behoud van de eigen identiteit - overgenomen. De in dit verband geëffectueerde aanwinsten werden vanwege de snelle internationalisatie aan de bestaande structuur toegevoegd. Van een inpassing dan wel integratie van die aanwinsten in de divisies van de dienstenondernemingen was in de regel geen sprake. De Nederlandse dienstenondernemingen waren dan ook tegen het einde van de jaren zeventig uitgegroeid tot moeilijk te besturen concerns. Dit bemoeilijkte het *portfoliomanagement* alsmede het coördineren van het (strategische) beleid van de verschillende in het binnenland en het buitenland opererende bedrijfseenheden.

Gedurende dit stadium van het internationaliseren van het werkterrein deed zich een nieuw verschijnsel voor: de geografische concentratie-strategie. De internationale expansie van de ondernemingen vond niet zelden in een gegeven regio plaats. De concentratie van de Nederlandse dienstenondernemingen op de Verenigde Staten was daarbij in het oog springend. Elsevier, Nationale-Nederlanden, AGO, Ennia, Amev en de ABN Bank hadden tegen het einde van de jaren zeventig een omvangrijk 'Amerika-bedrijf' weten op te bouwen. Het voortgaand internationaliseren speelde zich voor een belangrijk deel in de Verenigde Staten af. Bij Elsevier werd in 1979 om deze reden de divisie 'Amerika' geformeerd. Op deze manier werd het 'Amerika-bedrijf' van een zekere mate van cohesie voorzien. Dit vereenvoudigde de beheersing/aansturing van en de communicatie met de op de Amerikaanse markt ontplooide activiteiten. Andermaal had het voeren van een gegeven strategie gevolgen voor de structuur waarvan gebruik werd gemaakt.

Niet alle ondernemingen maakten van een internationale divisie gebruik. Nationale-Nederlanden, AGO (met uitzondering van de periode 1974-1978), Ennia, AMEV en de NMB Bank bleven ook gedurende de tweede helft van de jaren zeventig vasthouden aan de productdivisiestructuur. Deze ondernemingen wisten vooralsnog het geografische element in de productdivisiestructuur in te passen. (Sommige internationaliserende ondernemingen blijven overigens hun productdivisiestructuren tot in lengte van dagen trouw. Door gebruik te maken van flexibele *task forces*, werkgroepen, regels en procedures is het mogelijk tot een efficiënte afstemming te komen tussen de middelen van de internationaliserende onderneming en de omgevingen waarin die ondernemingen opereren. Grootscheepse herstructureringen zijn in dat geval op gezette tijden niet altijd een *fait accompli*).

Fase drie

Vanaf het begin van de jaren tachtig stond het aantrekken van de band tussen het hoofdkantoor en de verschillende concernonderdelen (als gevolg van de conjuncturele teruggang) in het middelpunt van de gevoerde beleidsbeschouwingen. Doel: profiteren van *economies of skills*.

Uitgeven, verzekeren en bankieren is in eerste instantie *people's business*. Dit vereist het voeling houden met ontwikkelingen die zich in de omgeving dan wel afzetmarkt voordoen. De concernstructuren van de internationaliserende dienstenondernemingen waren echter aan het einde van de jaren zeventig - door de snelle expansie in het algemeen en de snelle internationalisatie in het bijzonder - dermate complex dat ze het zicht op de omgevingsontwikkelingen aan het oog van de hoogste leiding en de concernstaven begonnen te onttrekken. Ook kreeg het topmanagement van de dienstenondernemingen in toenemende mate met steeds complexere organisatievraagstukken te maken. Men moest vaker dan voorheen schijnbaar tegengestelde strategische vraagstukken met elkaar verenigen. Zo was er - ter illustratie - de blijvende noodzaak van het verenigen van een ver doorgevoerde mate van decentralisatie op het niveau van de individuele bedrijfseenheid (teneinde snel in te kunnen spelen op veranderingen die zich in de lokale omgeving voordeden) met het centraliseren van bepaalde functies als automatisering (teneinde kostenbesparingen te realiseren).

De in verband met de conjuncturele neergang gevoelde noodzaak om tot een intensievere samenwerking tussen de concernonderdelen te komen - tot uiting komend in het op grotere schaal uitwisselen van ervaring - zette aan tot het doorvoeren van veranderingen in de strategie en structuur van dienstenondernemingen. Door de conjuncturele teruggang had het topmanagement van de dienstenondernemingen een voorkeur voor interne ontwikkeling. De multinationale dienstenondernemingen gingen meer op safe spelen. Omvangrijke internationale acquisities werden met name gedurende de eerste helft van de jaren tachtig door verschillende ondernemingen als (te) risicovol beschouwd. Internationale acquisities waren - in tegenstelling tot het einde van de jaren zeventig - voor hen niet langer *en vogue*. Het consolideren van het werkterrein stond op dat moment in het centrum van de belangstelling van het merendeel van de beleidsmakers.

De dienstenondernemingen begonnen hun buitenlandse dochterondernemingen in grotere eenheden in te passen, zodat beter van de voordelen van *economies of skills* geprofiteerd kon worden. Lokale *holding companies* (waarvan vooral de verzekeraars en de banken gebruik maakten) werden aan het buitenlandbedrijf toegevoegd. Hierdoor kon het steeds omvangrijkere buitenlandbedrijf beter vanuit het hoofdkantoor gecoördineerd worden. De langs de weg van de lokale holdingmaatschappijen gerealiseerde - vooreerst juridische en bestuurlijke - integratie was in eerste aanleg gericht op het realiseren van de voordelen van *economies of skills*.

Dankzij lokale holdingmaatschappijen konden de nieuwe, op eigen kracht gerealiseerde, via derden geëxploiteerde dan wel geacquireerde bedrijven gebruik maken van de door andere bedrijfseenheden in dezelfde dan wel een vergelijkbare regio opgedane ervaring (met producten, processen en/of markten). Het hoofdkantoor kon als coördinator van de in- en uitgaande stroom ervaring bijdragen aan de kruisbestuiving van ideeën en inzichten van de verschillende, internationaal verspreide bedrijfseenheden. Op deze manier werd voorkomen dat het wiel meerdere malen in verschillende internationale bedrijfseenheden werd uitgevonden.

Door ervaring uit te wisselen kan van kostenbesparingen geprofiteerd worden. Daarbij kan onder meer gedacht worden aan het uitsparen van opleidings-, bij- en herscholingskosten. In een gegeven regio opgebouwde ervaring kan tegen lagere kosten in een andere regio met een overeenkomstige marktstructuur worden ingezet. De in het buitenland (in een gegeven regio) dan wel het binnenland opgebouwde ervaring met organisatie- en strategische vraagstukken kan tot gevolg hebben dat multinationale ondernemingen slagvaardiger in andere regio's gaan functioneren.

De verbeterde 'interne dienstverlening' leidde tot een verbeterde 'externe dienstverlening' van de internationaliserende dienstenondernemingen. Elsevier vormde hier een mooi voorbeeld van. Elsevier heeft met name in de jaren tachtig bij het expanderen op de Europese uitgeefmarkt intensief van de op de Amerikaanse markt opgedane ervaring gebruik gemaakt. De internationaliserende dienstenondernemingen gingen vanaf het begin van de jaren tachtig in toenemende mate met hun ervaringspotentieel woekeren. De nadruk op interne ontwikkeling alsmede het afstoten van niet-kernactiviteiten lag in het verlengde van deze beleidslijn. Voorts nam het aantal internationale acquisities gedurende deze periode snel toe.

Het 'management van ervaring', gericht op het realiseren van de kostenvoordelen van *economies of skills*, vereiste een meer decentrale organisatie van de multinationale onderneming. Steeds meer multinationale dienstenondernemingen adopteerden dicht op de markt ontworpen internationale divisie-, geografische en hybride structuren. Die structuren waren in essentie een 'vergaarbak' van binnenlandse en buitenlandse bedrijfseenheden: de binnenlandse en buitenlandse activiteiten werden gelijk behandeld en hadden een overeenkomstige status binnen de ondernemingshiërarchie. De internationale bedrijfseenheden hadden veelal een buitenlandse bemensing en leiding alsmede een eigen winst- en verliesverantwoordelijkheid. De van dergelijke structuren deel uitmakende internationale bedrijfseenheden hadden een meerwaarde voor andere bedrijfseenheden in termen van de daarin samengebalde ervaring die niet dan wel in mindere mate elders in het concern voorhanden was.

Conclusies

Het is opvallend dat in het onderzoek voortdurend offensieve stuwende krachten naar voren kwamen. Grensoverschrijdend opereren is vooral een door managers/ondernemers gevoede ondernemingsbeslissing. Er wordt uit dien hoofde sterk vanuit de onderneming geredeneerd: de offensieve stuwende krachten zijn dan ook ondernemingsgerelateerde stuwende krachten.

De door de Nederlandse dienstenondernemingen gerealiseerde internationale expansies werden voortdurend in één land gerealiseerd. Nederland en de Verenigde Staten waren de belangrijkste geografische werkgebieden van het merendeel van de hier bestudeerde ondernemingen. Ik heb dit hier de 'geografische concentratiestrategie' genoemd. De geografische concentratiestrategie manifesteerde zich onder meer via het verschijnsel 'regionale holdingmaatschappij'. Op deze manier konden de dienstenondernemingen zich beter als 'nationaal bedrijf' presenteren. De regionale holdingmaatschappijen fungeerden vaak als *centres of excellence*. Via deze *centres* werd ervaring getransfereerd naar andere delen van het concern. Hierdoor kon het internationaliseren van het werkterrein sneller en goedkoper plaatsvinden.

Vanaf het midden van de jaren zestig kwamen ook de markten buiten de Verenigde Staten tot ontwikkeling. Vanaf dat moment werd het voor Nederlandse dienstenondernemingen interessanter ook markten buiten Nederland en de Verenigde Staten te gaan bewerken. Het internationaliseren van het werkterrein werd bijvoorbeeld vanaf het einde van de jaren zeventig in toenemende mate in het Verre Oosten tot stand gebracht. Samenvattend: er bestaat niet één juiste weg voor het internationaliseren van het werkterrein van een onderneming. Ondernemingen hebben de keuze uit verschillende strategieën en verschillende structuren om de voordelen die met het internationaliseren zijn te behalen te realiseren.

5 Strategieën van negen Nederlandse internationaliserende diensten-ondernemingen

Jaar	Start-ups	Acquisities	Joint ventures/ deelnemingen	Afstotingen
1965	1	-	2	-
1966	-	-	1	1
1967	5	-	2	2
1968	3	2	7	3
1969	9	1	5	1
1970	13	4	4	1
1971	6	-	4	-
1972	4	-	9	-
1973	5	4	21	-
1974	17	9	16	3
1975	11	4	8	-
1976	8	5	15	1
1977	12	8	20	4
1978	9	3	18	4
1979	25	8	8	3
1980	16	9	7	4
1981	13	4	10	5
1982	12	-	6	2
1983	15	6	8	-
1984	22	6	10	10
1985	15	12	6	7
1986	9	14	8	16
1987	17	11	8	15
1988	18	17	5	4
1989	27	19	12	4

Opmerking: Er is op deze plaats geen nadere onderverdeling gemaakt naar *manier* en *richting* daar vrijwel alle internationale expansies horizontaal van aard waren. Deze tabel concentreert zich daarom op de 'richting' van het internationaliseren van de scope van de dienstenondernemingen.

6 Structuren van negen Nederlandse internationaliserende diensten-ondernemingen

Jaar	VNU	Elsevier	Kluwer	NN	AEGON	Amev	ABN	Amro	NMB
1965	P	P	P	P	-	P	G	I	P
1966	P	P	P	P	-	P	G	I	P
1967	P	P	P	P	-	P	G	I	P
1968	P	P	P	P	-	P	G	I	P
1969	P	P	P	P	-	P	G	I	P
1970	P	P	P	P	-	P	G	I	P
1971	I	P	P	P	-	P	G	I	P
1972	I	P	I	P	-	P	G	I	P
1973	I	P	I	P	-	P	G	I	P
1974	I	P	I	P	-	P	G	I	P
1975	I	P	P	P	-	P	G	I	P
1976	I	P	P	P	-	P	G	I	P
1977	P	P	P	P	-	P	G	I	P
1978	P	P	P	P	-	P	G	I	P
1979	P	I	P	H	-	P	G	I	P
1980	P	I	P	H	-	P	G	I	P
1981	P	I	P	H	-	P	I	I	P
1982	P	I	P	H	-	P	I	I	P
1983	I	I	P	H	P	G	I	I	I
1984	I	I	P	H	P	G	I	I	I
1985	H	I	P	H	P	G	I	I	I
1986	H	I	P	H	G	G	I	I	I
1987	H	I	G	H	G	G	I	I	I
1988	H	I	G	H	G	G	I	I	I
1989	H	G	G	H	G	G	I	I	I

Opmerking: De rechtsvoorgangers van AGO en Ennia maakten vanaf 1965 van productdivisiestructuren gebruik. AGO maakte van 1968 tot en met 1973, van 1974 tot en met 1978 en van 1979 tot en met 1982 van respectievelijk een productdivisiestructuur, een matrixstructuur en een internationale divisiestructuur gebruik. Ennia maakte gedurende de periode 1969 tot en met 1982 van een productdivisiestructuur gebruik.

Deel III
Bedrijfstakken

7
INTERNATIONALISATIE VAN HET BANKWEZEN

De geschiedenis van het 'moderne' internationaliseren van banken gaat terug tot de negentiende eeuw. Het waren in die tijd de banken uit de meest geïndustrialiseerde landen die buitenlandse vestigingen openden. Het ging vooral om banken uit de 'koloniale grootmachten'. Ook Nederlandse banken waren - hoewel op een meer bescheiden schaal - internationaal actief. Amerikaanse banken werden pas vanaf het begin van de jaren '20 buiten de Amerikaanse grenzen gesignaleerd.

Na de Tweede Wereldoorlog hebben vooral de Amerikaanse banken lange tijd het beeld van de voortgaande internationalisatie van het bankwezen gedomineerd. De Amerikaanse banken volgden de snelle overzeese expansie van de industriële Amerikaanse ondernemingen. De wederopbouw van Europa en de naar aanleiding daarvan plaatsvindende snelle groei van de Europese economieën waren hiervoor een vruchtbare voedingsbodem.

Groot, groter, grootst

De Europese banken maakten vooralsnog pas op de plaats. Voor de Europese banken vormde de toenemende concurrentie van Amerikaanse banken niettemin een belangrijke stimulans voor de voortgaande concentratie die in de respectieve landen plaatshad. In Nederland leidde dit in het midden van de jaren zestig onder meer tot het ontstaan van de ABN en de Amro bank, de rechtsvoorgangers van ABN Amro. Ook de economische integratie van West-Europa vormde een stimulans voor het op de thuismarkten bundelen van de krachten in grotere banken. Japanse banken bouwden pas in een veel later stadium (met name vanaf het begin van de jaren tachtig) hun buitenlandbedrijf uit.

De jaren zestig, zeventig en tachtig werden niet alleen gekenmerkt door een voortgaande internationalisering van het bankwezen, maar ook door een ontwikkeling naar steeds grotere bancaire eenheden. Deze concentratiebeweging stond overigens niet op zichzelf. Ook in bijvoorbeeld het verzekerings- en uitgeefwezen was er gedurende deze periode sprake van een concentratiebeweging. Opvallend is dat de Nederlandse identiteit van de Nederlandse grootbanken door de schaalvergrotingsstrategieën tot op de dag van vandaag is behouden. De bulk van de concentraties heeft dan ook in Nederland plaatsgehad. In het buitenland is een soortgelijke ontwikkeling aan het oog voorbijgetrokken.

Waarom internationaliseren?

Het internationaliseren van het werkterrein van banken is het gevolg van de volgende 'stuwende krachten': beperkte groeimogelijkheden op de thuismarkt (in combinatie met concurrentievoordelen), het 'volgen-van-de-cliënt', excess cash flow, en risicospreiding. Vooral het tweede internationalisatiemotief heeft de nodige effecten gesorteerd. Banken worden door het internationaliseren van hun (vooral zakelijke) cliënten min of meer gedwongen mee te internationaliseren.

Het voortdurende streven naar internationale schaalvergroting van bijvoorbeeld ABN Amro valt eenvoudig te verklaren. Grote en internationaal actieve banken hebben namelijk meer mogelijkheden om cliënten een omvattender dienstenpakket tegen betere voorwaarden aan te bieden, aan eventuele bedreigingen van de zelfstandigheid het hoofd te bieden alsmede omvangrijke investeringen in gegevensverwerking en technologische noviteiten te doen. Een grotere bank maakt vooral investeringen in automatisering en meerdere verkoop- annex distributiekanalen (*het* internationale strijdtoneel van de toekomst) rendabel.

Hoe internationaliseren?

Internationale *start-ups* - expansiestrategie nummer één - spelen in het bankwezen een belangrijke rol. Het opzetten van een eigen vestiging in het buitenland biedt banken voordelen die zich met name toespitsen op de mogelijkheid om een intiemere relatie met de cliënt op te bouwen. Dat het formeren van een internationaal kantorennet een hele opgave is, blijkt wel uit het feit dat vrijwel geen enkele bank er in is geslaagd een in alle geografische regio's dekkend fijnmazig buitenlands netwerk op te zetten. ABN Amro en Citibank behoren in dit opzicht tot de meest succesvolle banken.

Internationale fusies/acquisities - expansiestrategie nummer twee - lagen (en liggen) in het bankwezen 'politiek gevoelig'. Lokale autoriteiten voelden er aanvankelijk weinig voor dat een deel van het monetaire systeem door 'het buitenland' gecontroleerd zou worden. Hierin is de laatste jaren enige verbetering gekomen. ING, ABN Amro en Fortis hebben vanaf het begin van de jaren negentig een wassende stroom internationale acquisities aan hun business portfolio's toegevoegd.

Internationale samenwerkingsverbanden - expansiestrategie nummer drie - werden aanvankelijk vooral geformeerd als reactie op de agressieve marktontwikkelingsstrategieën die de Amerikaanse banken vanaf het midden van de jaren vijftig begonnen uit te voeren. Vele zogenaamde internationale 'consortia' waren dan ook van Europese origine. Bekende consortia waren ABECOR (hiervan maakte de ABN deel uit) en EBIC (hierin participeerde de Amro bank). De partners van de verschillende internationale consortia zijn in de loop der tijd in toenemende mate zelfstandig activiteiten op gaan zetten.

Samenvattend kan gesteld worden dat banken in het algemeen bij het internationaliseren in toenemende mate van de expansiemedia 'acquisities' en 'start-ups' gebruik zijn gaan maken. De voortgaande internationalisatie van het bedrijfsleven fungeert als primaire verklaringsbron voor het internationaliseren van het werkterrein van banken.

Internationale uitdagingen

Het bankwezen lijkt vandaag de dag weleens *the place to be* te zijn. De huidige ontwikkelingen zijn op zijn minst onderhoudend te noemen. Ik noem hier vijf ontwikkelingen die van grote invloed (zullen) zijn op de internationale concurrentiepositie van banken:
• De opkomst van Internet in het mondiale handelsverkeer.
• De opkomst van nieuwe concurrenten uit nieuwe bedrijfstakken.

- De opkomst van mega-fusies die op het eerste gezicht het bevattings-vermogen ver te boven gaan.
- Het toenemende belang van het productieve management van cliën-tendatabases.
- De introductie van de euro.

Internet

Er wordt vandaag de dag druk gespeculeerd over een cybertoekomst met een virtuele economie. Dat heeft alles te maken met de groei van de mondiale elektronische handel. Volgens schattingen van het Ameri-kaanse Forrester, een researchbureau, gaat het in het jaar 2000 om tenminste 75 miljard dollar.

Internet is een aantrekkelijk - want snel en goedkoop - medium voor het effectueren van financiële transacties. Er zijn reeds gespecialiseerde en kwalitatief goede softwareleveranciers aanwezig die programmatuur leveren om bankzaken te doen via Internet. Een rekeninghouder heeft in beginsel alleen maar een personal computer nodig met een aan-sluiting op Internet. Zakelijke en particuliere rekeninghouders kunnen op die manier vorm en inhoud geven aan de slogan *Het gemak dient de mens*.

De opkomst van Internet markeert het ontstaan van een internationale markt voor financiële diensten waar banken geen adviserende en daar-mee persoonlijke rol in spelen. Digitale betalingstechnieken zullen over enkele jaren gemeengoed zijn in het internationale bankwezen, temeer daar het beveiligen van de transacties met 'cyber money' niet langer de grootste zorg is van de softwareleveranciers.

Nieuwe concurrenten

Sinds kort hebben naast verzekeraars, beleggingsinstellingen en credit-cardmaatschappijen ook multinationals als Shell en Ahold interesse in bancaire dienstverlening. KBB (via de Bijenkorf) is sinds enige tijd actief met een spaarplan onder eigen naam. (Ter illustratie: in Engeland is de financiële poot van 'collega' Marks & Spencer al goed voor tien procent van de groepswinst.)

De opkomst van dergelijke branchevreemde concurrenten is verklaarbaar. De concurrentiestrijd wordt namelijk steeds vaker in het distributiekanaal en bij de cliënt zelf beslecht (om diezelfde reden is bijvoorbeeld telecommunicatie voor banken aantrekkelijk). Ondernemingen als Shell, Ahold en KBB hebben niet alleen ruime openingstijden, veel informatie over cliënten, kwalitatief hoogwaardige marketingvaardigheden en veel contactmomenten (en ervaring) met (vele soorten) cliënten, maar beschikken eveneens over vele *outlets* van waaruit de cliënten bediend kunnen worden. (En dat op plaatsen waar veel mensen samenkomen, in jargon ook wel 'points of traffic' genoemd.) Ze hebben voorts een sterke merknaam en een goede reputatie.

Sommige potentiële concurrenten (denk in dit verband ook aan telecommunicatiemaatschappijen en softwarehuizen) worden om deze redenen wellicht reële concurrenten. Dat we naar een allesomvattende en geïntegreerde financiële dienstverlening gaan, lijkt daarmee een voldongen feit. *Bancassurance* lijkt daarmee alweer achterhaald.

Mega-fusies

De hoog opgelopen 'fusiekoorts' verandert concurrentieverhoudingen en daarmee de dynamiek in het bankwezen. Om diezelfde reden is het als bank van het grootste belang een vinger aan de fusiepols te houden. Zowel op het Europese vasteland (onder meer in verband met de komst van de euro) als op het Amerikaanse continent (als gevolg van het afbrokkelen van de wetgeving die in de Verenigde Staten bankieren, verzekeren en de effectenhandel gescheiden houdt) wordt volop samengeklonterd. Van grootschalige transatlantische fusies is vooralsnog geen sprake - een kwestie van tijd.

Vrijwel iedereen is van mening dat de internationale stoelendans nog maar net is begonnen. De grootste en internationaal actieve banken houden vandaag de dag de kaarten tegen de borst. Het realiseren van een megafusie dan wel -acquisitie is vooral een kwestie van doseren en *timing*. Het zijn wat dat betreft interessante tijden voor strategen, vooral sinds het 'mega-experiment' Citigroup (Citicorp plus Travelers Group). Megafusies dwingen altijd tot het maken van keuzes - de juiste wel te verstaan, hetgeen in het huidige tijdsgewricht bepaald niet eenvoudig is.

Database management

Automatisering is een van de meest kritische succesfactoren van het internationale bankwezen. Voortgaande automatisering heeft positieve gevolgen voor de efficiency (door het zoveel mogelijk elimineren van routinematige handelingen) en de effectiviteit (cliënten kunnen via database management beter worden bewerkt - denk in dit verband aan 'cliëntensegmentatie', 'kruislings verkopen' en 'één-op-één' marketing). Het vertrekpunt van banken is ideaal: men zit op bergen gegevens van cliënten. De in het verlengde daarvan liggende informatie over die cliënten is *het* 'goud van de toekomst'.

Euro

Door de invoering van de euro verdwijnen diverse belemmeringen, zoals betalingssystemen en valutarisico's, die banken hinderen in hun streven pan-Europees diensten aan te bieden.

Belangrijkste implicatie is dat de Europese bancaire markt transparanter wordt en de concurrentie feller. Om diezelfde reden is het belangrijk de kosten laag te houden, de benodigde technische aanpassingen op tijd door te voeren, een hoogwaardig (inter)nationaal bedrijf (buiten Europa) op te bouwen en een sterke merknaam annex reputatie handen en voeten te geven. Zaken die op korte termijn door de introductie van de euro zeker niet zullen veranderen zijn verschillen in taal, belastingregimes en zakelijk alsmede consumentengedrag.

In de naaste toekomst zal er versneld gefuseerd en geacquireerd worden, aanvankelijk nog binnen de nationale grenzen maar daarna snel over de Europese landsgrenzen heen. De huidige ontwikkelingen zullen met andere woorden worden versterkt. De inleidende schermutselingen zijn reeds gaande.

Tot slot

Wat is een 'sterke' bankier? Het antwoord is vooral afhankelijk van de criteria die men stelt. Vanuit een internationaal perspectief bezien kunnen we stellen dat vooral ABN Amro meedraait in de top van de eredivisie van het mondiale bankwezen. *De* Bank heeft een uniek internationaal netwerk van vestigingen en meerdere thuismarkten. Dat netwerk wordt op een weloverwogen manier uitgebreid zonder dat het voortdurend overhoop wordt gehaald. Het buitenlands bedrijf domineert inmiddels het werkterrein van ABN Amro. De consistentie in de (winst)groei completeert het beeld.

Het beheersen van internationale expansie is minstens zo belangrijk als de internationale expansie zelf. Nederlandse grootbanken zijn hier (gelukkig) goed van doordrongen. Internationaliseren is dikwijls een kwestie van jezelf in de hand houden. Nederlandse banken zullen *last but not least* sterk moeten blijven op de Nederlandse markt, de solide kurk waarop uiteindelijk de internationalisatiestrategie drijft.

8
INTERNATIONALISATIE VAN HET NEDERLANDSE ORGANISATIEADVIESWEZEN

Internationalisatie is een bijzondere vorm van schaalvergroting. Waren het vroeger vooral de grote industriële ondernemingen die hun werkterrein internationaliseerden, tegenwoordig gaan ook kleinere industriële ondernemingen en dienstenondernemingen internationaal de boer op. Internationalisatie staat niet langer in de periferie maar in het centrum van de belangstelling van vrijwel alle directies, ongeacht de omvang dan wel leeftijd van een onderneming.

Ook in het organisatieadvieswezen is internationalisatie niet langer een onbekend fenomeen. Diverse buitenlandse (vooral Amerikaanse) organisatieadviesbureaus zijn al weer jaren op de Nederlandse adviesmarkt actief en ook Nederlandse adviesbureaus kijken steeds vaker over de eigen landsgrenzen heen. Niet alleen de grotere bureaus maar ook gespecialiseerde kleinere organisatieadviesbureaus kunnen respectievelijk moeten hun kennis en expertise steeds vaker internationaal *stretchen*.

Internationalisering lijkt van alle trends *de* trend van de jaren negentig te zijn. Het gaat om een niet omkeerbare ontwikkeling: de staatsrechterlijke grenzen vervagen en landen en economieën raken daardoor steeds meer met elkaar verweven.

Waarom internationaliseren?

Het Nederlandse organisatieadvieswezen heeft internationalisatie hoog op de bestuursagenda staan. Het is een regulier aandachtspunt. De daadwerkelijke wapenfeiten stellen echter nogal teleur. Slechts 5 tot 10 procent van de totale omzet van het Nederlandse organisatieadvieswezen wordt buiten de eigen landsgrenzen behaald. Een schamel percentage. De groeivector is niettemin duidelijk. Vrijwel ieder zichzelf respecterend organisatieadviesbureau is er op de een of andere manier mee bezig.

De voordelen van het internationaal actief zijn zijn niet op een hand te tellen. Ganzevoort en Olthof zetten in een artikel in het vakblad M&O uit 1992 de voordelen van internationalisatie op een rij [1]. De voordelen van internationalisatie (onder meer via transnationale samenwerking) zijn volgens hen:

- De gezamenlijke ontwikkeling van advieshulpmiddelen en de onderlinge uitwisseling daarvan.
- Het snel samenstellen van interdisciplinaire en internationale adviesteams of het 'invliegen' van specifieke expertise voor een bepaald project.
- Het tot ontwikkeling brengen van 'rotational'-programma's (uitwisseling van professionals met buitenlandse kantoren), zodat adviseurs internationale ervaring kunnen opdoen.
- Het ontwikkelen van wereldwijde databases met branchekengetallen en concurrentiegegevens (benchmarking) en databases met grafische beelden waarmee de sleutelelementen van een probleem succesvol kunnen worden gecommuniceerd.
- Het ontwikkelen van internationale trainingsprogramma's waardoor internationaal volgens dezelfde methoden en kwaliteitsstandaarden kan worden gewerkt.

Nederlandse organisatieadviesbureaus worden om verschillende redenen gedwongen hun bakens internationaal te verzetten. Ik beperk me op deze plaats tot de vier belangrijkste, dus generieke redenen.

Marginalisering
Een belangrijke reden voor de internationaliseringsbeweging is de orderportefeuille die daardoor onder hoogspanning is komen te staan. Met andere woorden: oorzaak en gevolg lopen door elkaar. Voor veel Nederlandse bureaus is internationalisering om deze reden geen mogelijkheid maar een noodzakelijkheid.

Het internationaliseren van het werkterrein is dan ook allesbehalve een operationele activiteit gericht op het vrijblijvend verdiepen van de bedrijfsactiviteiten. Voor veel organisatieadviesbureaus staat of valt het voortbestaan met een succesvolle internationalisering, feitelijk ongeacht de manier (start-ups, joint ventures/allianties, fusies dan wel overnames) waarop een en ander plaatsheeft.

Groeipotentieel

Een andere reden is dat Nederlandse adviesbureaus met internationale posten/contacten meer groeipotentieel hebben dan bureaus die zich in hun adviespraktijk tot de Nederlandse regio beperken. Dat geldt in het bijzonder voor de grootste Nederlandse organisatieadviesbureaus. Het verwerven van een omvangrijker marktaandeel op de Nederlandse markt zal immers ten koste moeten gaan van steeds sterkere concurrenten. De wet van de afnemende meeropbrengsten zal in Nederland na verloop van tijd voor ieder groeiend organisatieadviesbureau actueel worden. Internationalisatie is dan het aantrekkelijke wachtwoord voor de toekomst. In het buitenland is het mogelijk blijvend te groeien.

Loopbaanperspectief

Een derde reden is dat internationaliserende bureaus een internationaler en daarmee aantrekkelijker loopbaanperspectief kunnen bieden. Dit geldt zowel voor de huidige als de toekomstige medewerkers. Een internationale loopbaan wordt in de regel als een aantrekkelijker loopbaan gepercipieerd en ervaren. Dat heeft alles met het verruimen van de kennishorizon en de emotionele belevingswereld (het vergroten van de culturele bagage) van de adviseur te maken. De internationale dimensie van een organisatieadviesbureau is om deze reden belangrijk. Het is voor een bureau een manier om de meest talentvolle *juniors* aan te trekken en de belangrijkste *seniors* vast te houden. Steeds meer bureaus commercialiseren juist om deze reden de internationale dimensie van hun kantoor in wervende reclamecampagnes.

Volgen-van-de-cliënt

Er is nog een vierde 'algemene' reden om het werkterrein van een organisatieadviesbureau te internationaliseren: de enorme vraag vanuit het bedrijfsleven naar hulp bij het internationaliseren van de bedrijfsactiviteiten. Internationaliserende opdrachtgevers worden in die hoedanigheid als het ware letterlijk op de voet gevolgd. Diverse Nederlandse organisatieadviesbureaus krijgen vandaag de dag de (forse) rekening van hun trage omhelzing van de internationaliseringsgedachte gepresenteerd.

Die adviesbureaus hebben door hun defensieve opstelling te lang vastgehouden aan het krampachtige consolideren van hun positie op de thuismarkt, terwijl Amerikaanse bureaus en multinationale accountantsgroepen die bureaus zowel links als rechts op het internationale toneel zijn gepasseerd. Horringa & de Koning heeft zich in dit kader net op tijd door de Amerikaanse Boston Consulting Group laten overnemen. Het argument 'volgen-van-de-cliënt' zal in de naaste toekomst, gezien de voortgaande internationalisering van het bedrijfsleven, alleen maar belangrijker worden.

Hoe internationaliseren?

De aard van de internationalisatie is duidelijk. Grensoverschrijdende vormen van samenwerking hebben het primaat. Er is onder de meeste - in het bijzonder lokaal georiënteerde - adviesbureaus sprake van een aperte voorkeur voor een personele dan wel organisatorische in plaats van een financiële integratie:

- In het eerste geval is er geen sprake van een wederzijdse financiële vervlechting. In plaats daarvan worden vaak enkele organisatie-adviseurs in het buitenland gestationeerd.
- In het tweede geval gaat het vanwege de kapitaaldeelnemingen om minder vrijblijvende internationale samenwerkingsvormen.

De meeste organisatieadviesbureaus die internationale vormen van samenwerking hebben opgestart of achterop de bagagedrager van een partner met een internationaal netwerk zijn gesprongen nemen ruim de tijd voor het aanzwengelen van hun internationale avonturen. De meeste internationale samenwerkingsverbanden hebben daarom een standaardopzet. In de praktijk hebben internationale samenwerkingsverbanden vooral betrekking op het toegang krijgen tot elkaars kennis en ervaring bij het bewerken van (potentiële) cliënten. Ook zaken als productontwikkeling en het verwerven van kennis van de lokale markt spelen een rol.

Losse samenwerkingsverbanden

Losse internationale samenwerkingsverbanden domineren het samenwerkingslandschap. Het aantal internationale holdings dat belangen heeft in onafhankelijke bureaus is op een hand te tellen. Organisatieadviesbureaus zijn altijd bang voor een verwatering van de eigen bureauidentiteit. Dat verklaart tevens de voorkeur voor partiële in plaats van integrale samenwerkingsverbanden.

Bij partiële grensoverschrijdende samenwerkingsverbanden gaat het vooreerst om samenwerkingsverbanden waarbij tussen nationale bureaus op functioneel niveau wordt samengewerkt. Op deze manier ontstaan grensoverschrijdende netwerken, een strategie waar bijvoorbeeld Berenschot, met internationale samenwerkingsverbanden op logistiek en M&A-terrein, regelmatig gebruik van heeft gemaakt.

Het is overigens een publiek geheim dat dergelijke samenwerkingsverbanden - in het bijzonder door het relatief vrijblijvende karakter (waar is de stok achter de deur?) - weinig nieuwe business genereert. Andere nadelen van deze groeistrategie zijn:
- Het kost relatief veel tijd om op deze manier succesvol te internationaliseren.
- Het blijft een dure aangelegenheid.
- Veel bureaus krijgen inzage in elkaars operationele reilen en zeilen en daarmee een kijkje in de strategische keuken, i.e. de bureaukoers.

The European Independents

Berenschot trad aan het einde van de jaren '80 toe tot een Europees samenwerkingsverband, 'The European Independents' genaamd. Daarmee zag Berenschot een lang gekoesterde wens in vervulling gaan. Het had al eerder geprobeerd internationaal op een integrale manier de bakens te verzetten. Die pogingen waren weinig succesvol geweest. Nog in de jaren zeventig had men geprobeerd via een samenwerkingsverband van zelfstandige adviesbureaus onder de naam 'Consulteur' internationaal zoden aan de adviesdijk te zetten. Er werd in dat verband onder meer met het Duitse Kienbaum en het Britse PA samengewerkt. In de jaren zestig/zeventig acquireerde Berenschot zich nog een blauwe maandag in de Verenigde Staten waar men gedurende een tiental jaren met een eigen vestiging actief was.

Kottman, de huidige bestuursvoorzitter van Berenschot, pakte aan het einde van de jaren tachtig de internationalisatiedraad weer op. Hij manoeuvreerde Berenschot in The European Independents, een zuiver Europees samenwerkingsverband van onafhankelijke organisatieadviesbureaus. In een interview met Het Financieele Dagblad (gepubliceerd op 16 juni 1989; pagina 3) zei Kottman ter motivering van het samenwerkingsverband:

> *Berenschot is sterk op de thuismarkt; we zijn tenslotte het grootste bureau in Nederland. Onze klanten worden internationaler. Om onze dominante positie te handhaven moeten wij ook internationaal gaan.*

En, ter weerlegging van het argument als zou het om een defensieve zet gaan (de accountantsketens kwamen in die dagen reeds sterk opzetten):

> *Die bedreigingen zijn er, de concurrentie is veel harder geworden en wij missen inderdaad die internationale dimensie. Maar de buitenwereld kijkt daar vaak zorgelijker tegenaan dan wijzelf. Berenschot is immers steeds blijven groeien. Bovendien hebben wij op deelterreinen als fusies en logistiek aansluiting gezocht bij internationale netwerken.*

Berenschot had volgens Kottman twee vliegen in een klap geslagen. De internationale aansluiting was verkregen en gelijktijdig was de positie op de binnenlandse markt verstevigd, want deelname aan The European Independents was voor de Benelux exclusief aan Berenschot toegerekend. Het succes van The European Independents zal voor een belangrijk deel afhangen van de mate waarin de deelnemende partijen zich *interdependent* (gewenst) dan wel *independent* (niet-gewenst) zullen opstellen (The European **Independents**: What's in a name?)

Het merendeel van de Nederlandse bureaus heeft wat het entameren van internationale netwerken betreft nog een lange weg te gaan. En het bewandelen van die weg is nodig, omdat opdrachtgevers de aanwezigheid van een internationaal netwerk in toenemende mate als een onderscheidende eigenschap en daarmee als een concurrentieel voordeel zien.

In de praktijk van het organisatieadvieswezen betekent dit dat voor de grotere, vaak lucratiefste opdrachten (meestal) een internationaal net-

116

werk wordt geëist. De internationale spreiding van de kennisintensieve Amerikaanse megakantoren en de internationale accountantsgroepen met vestigingen in alle belangrijke industriële landen (alsmede *emerging markets*) en met de mogelijkheid om kwalitatief hoogwaardige internationale teams samen te stellen en op adviesprojecten in te zetten, is een vorm van consultancy die vooralsnog voor weinig Nederlandse bureaus haalbaar is.

Het Oosten

In het begin van de jaren negentig kwamen er voor Nederlandse adviesbureaus twee interessante mega-adviesmarkten bij: Oost-Europa en Rusland. Westerse regeringen reserveerden financiële middelen om Oosteuropese landen en Rusland bij te staan met westerse kennis bij de omschakeling van een centraal geleide planeconomie naar een markteconomie. Veel bureaus wilden van meet af aan een forse hap uit de financiële koek die het bovendien mogelijk maakte om een geheel nieuw, braakliggend geografisch werkterrein te ontsluiten.

Diverse westerse bureaus zijn inmiddels in Oost-Europa en Rusland actief. Niet alleen om de bestaande problemen met overheidsgelden aan te pakken, maar ook om vast te stellen dat er nog andere complexe problemen aangevat moeten worden, problemen en vraagstukken waarvan men aanvankelijk niet eens het bestaan vermoedde. Het dominosteeneffect in optima forma.

Hoe ziet de financiële steunbetuiging van de westerse overheden er in concreto uit? Beperken we ons tot de hoofdlijnen voor Oost-Europa (die voor Rusland zijn nog steeds niet uitgekristalliseerd), dan blijkt dat voor Nederland en de Europese Gemeenschap hulpprogramma's voor Oost-Europa bestaan, te weten PSO en Phare. In het kader van PSO en Phare geldt dat Nederlandse adviesbureaus pas financiële steun krijgen, indien daartoe een aanvraag van een Oosteuropees land is ingediend. In de praktijk blijkt het ter plekke opbouwen en via Brussel aanzwengelen van politieke relaties het meeste effect te sorteren.

Diverse Nederlandse bureaus steken dan ook hun voelhorens uit binnen ministeries in Warschau, Praag en Boedapest. Het acquireren van opdrachten is in die landen vooral een functie van het betrokken raken bij lokale vraagstukken, het hebben van goede relaties met de subsidie-verstrekkers in Den Haag of Brussel en het hebben van een concrete *foothold* op de lokale markt. Een joint ventures met een lokale Oost-Europese partij geniet daarbij de voorkeur. Voor de Russische markt geldt een soortgelijke marktbenadering.

De in Oost-Europa en Rusland uitgevoerde opdrachten hebben een uitermate divers karakter. Opdrachten zijn soms strategisch, vaak operationeel, altijd verrassend en ingrijpend van aard, hebben in de regel een hoog IT-gehalte en bezitten bijna altijd een privatiserings-component. De opdrachten kunnen naar alle waarschijnlijkheid het beste getypeerd worden aan de hand van het 'twee stappen vooruit, een achteruit'-gedachtengoed. Overvloedig krimpen staat op de eerste plaats; sporadisch groeien op de tweede plaats.

Wens en werkelijkheid
Het leveren van adviezen aan Oosteuropese en Russische opdracht-gevers levert in de praktijk niet altijd datgene op wat aanvankelijk wordt gedacht. Veel advies krijgt geen vervolg, eenvoudigweg omdat het aan kennis ontbreekt hoe de op een markteconomie gebaseerde adviezen in een quasi-markteconomie te implementeren. Voor veel Nederlandse organisatieadviseurs zijn Oost-Europa en Rusland het West-Europa van de jaren vijftig. De productie- en productoriëntatie domineren de agenda van Oosteuropese en Russische bestuursvergaderingen. Met marketing dan wel het woordenpaar 'marktgericht ondernemen' heeft men geen enkele ervaring (en belangrijker: affiniteit). De doorgaans moeizame communicatie maakt het er niet gemakkelijker op.

Het ter plaatse bezitten van kantoren met zowel eigen als lokale medewerkers verzacht de pijn van het pionieren. Buitenlandse werk-krachten zijn veelal goed opgeleid en hebben lokale expertise en de broodnodige contacten met lokale overheden. Op deze manier kan op een meer integrale wijze aan een adviesopdracht worden gewerkt.

Het invliegen van westerse adviseurs om 'een klus te klaren' kan bij de lokale autoriteiten op weinig bijval rekenen. Oost-Europese en Rus-sische overheidsinstellingen willen zo veel mogelijk van het van veel kennis en ervaring voorziene westerse adviesbureau profiteren. Voor hen is een quasi-integratie in de vorm van een internationale joint venture veel aantrekkelijker.

Een interessant bijgevolg van het aantrekken van lokale werkkrachten is dat ze in de regel aanzienlijk goedkoper zijn dan hun westerse collegae. Al deze voordelen trekken in de praktijk overigens maar weinig Nederlandse adviesbureaus over de streep. Voor het overgrote deel van de Nederlandse bureaus blijven Oost-Europa en Rusland mede door taal- en mentaliteitsverschillen 'ver-van-mijn-bed-shows'.

Het Verre Oosten

Azië is een adviesmarkt met een aparte status. Hoewel de markt omvangrijk is en schier onuitputtelijk lijkt, zal Azië vooralsnog weinig bijdragen aan de omzet van westerse organisatieadviesbureaus in het algemeen en Nederlandse bureaus in het bijzonder. Twee verklaringen daarvoor zijn:

• De geografische afstand is groot (maar in beginsel overbrugbaar).

• De culturele afstand is groot (en moeilijk overbrugbaar). Consultancy is geen normale bezigheid, zoals in het westen wel het geval is. Dat heeft alles te maken met de vergaande invloed van confuciaanse principes. Het confucianisme - en in het verlengde liggende (quasi-) religieuze tradities - benadrukt het belang van familiewaarden, het streven naar eenvoud en traditie. Voor vernieuwende inzichten van de buiten de familiepatronen opererende organisatieadviesbureaus is veelal geen ruimte. Aziatische ondernemingen hangen om dezelfde reden niet graag hun eigen vuile was buiten. De geslotenheid van veel oosterse gemeenschappen in westerse landen is hiervoor illustratief.

Afgezien van het bovenstaande, wie moeten in Azië het werk doen? Het louter in het Verre Oosten parachuteren van westerse adviseurs (*expatriates*) zal vervelende consequenties hebben. Internationale deconfitures zijn in dat geval een fait accompli. Alleen de 'echt' grote organisatieadviesbureaus zullen in staat zijn *global consultants* op te leiden en lokale adviseurs aan te trekken en op te leiden en in te wijden in de overwegend westerse managementtechnieken. Nederlandse organisatieadviesbureaus zullen zich wel tweemaal moeten bedenken of, en zo ja, hoe ze in het Verre Oosten willen respectievelijk moeten expanderen.

De Verenigde Staten

Opvallend is de afwezigheid van Nederlandse bureaus in het mekka van organisatieadviesland: de Verenigde Staten. Dat stemt tot nadenken. Het overgrote deel van de conceptuele en vakinhoudelijke noviteiten is immers afkomstig uit de Verenigde Staten. Nederlandse organisatieadviesbureaus die tegen aantrekkelijke tarieven *on-the-cutting-edge* willen concurreren, zullen dichtbij het vuur moeten gaan zitten. Alleen op die manier kunnen ze zich warmen aan de vlammende betogen en ideeën van hun Amerikaanse concullega's. Wellicht ten overvloede: was het niet de oude Berenschot zelf die regelmatig in het vliegtuig stapte om zich aan de overkant van de Atlantische oceaan te laven aan het gedachtengoed van zijn Amerikaanse collega-*founding fathers*? Het heeft Berenschot bepaald geen windeieren gelegd.

Noot

[1] Ganzevoort, J.W. en S.A.M. Olthof, "Internationalisering en technologisering van advieswerk", in: M&O, Nummer 1, 1992.

9
HET CONCURRENTIEVELD IN DE EUROPESE ZUIVELINDUSTRIE

De coöperatie is een belangrijke organisatievorm in de BV Nederland. Tot de grote coöperaties die ons land rijk is, behoren multinationale ondernemingen als de Rabobank, Campina Melkunie, Avebe, Suiker Unie, Achmea en Cebeco-Handelsraad. Het belang van de coöperatieve organisatievorm - waarover nog maar weinig is gepubliceerd - valt aan de hand van een aantal cijfers te illustreren. Fabrieksaardappelen worden bijvoorbeeld voor bijna 100 procent door coöperaties verwerkt. Voorts schommelt het aandeel van de zuivelcoöperatie in het totaal van de Nederlandse zuivelindustrie (de grootste zuivelexporteur van de wereld) thans rond de zestig procent. Vijf coöperatieve ondernemingen maken deel uit van de vijftig grootste ondernemingen - gemeten in termen van omzet - van Nederland.

In dit hoofdstuk staan we stil bij de (on)mogelijkheden van multinationale zuivelcoöperaties om effectief te concurreren in een Europa zonder grenzen. We zullen eerst stil staan bij het verschijnsel 'coöperatie'. Daarna gaan we in op een aantal belangrijke ontwikkelingen in de Europese zuivelindustrie. Deze ontwikkelingen hebben een directe invloed op de concurrentiepositie en het concurrentievermogen van Nederlandse zuivelcoöperaties. Vervolgens gaan we in op de concurrentiestrategieën, die in de Europese zuivelindustrie gehanteerd worden. In het verlengde hiervan worden enkele factoren besproken die het concurrentievermogen van zuivelondernemingen in het algemeen en zuivelcoöperaties in het bijzonder bepalen. Het hoofdstuk sluit af met enkele conclusies.

1 Cebeco wie?

Cebeco-Handelsraad is een van de bekendste onbekende ondernemingen van Nederland. Cebeco-Handelsraad is een grote coöperatie (in 1995 ongeveer 10.000 medewerkers - i.e. inclusief minderheidsdeelnemingen - en een omzet van ongeveer NLG 7 miljard). Het doel - volgens het jaarverslag - van Cebeco-Handelsraad: 'Cebeco-Handelsraad wil samen met de lid-coöperaties een bijdrage leveren aan de bedrijfseconomische belangen van de aangesloten boeren en tuinders, mede door met marktgericht opererende werkmaatschappijen substantiële en renderende marktposities te realiseren'.

Het bedrijf brengt bekend in de oren klinkende namen als Aviko, Jonker Fris en Friki kip voort. Dit is een kenmerk bij uitstek van de coöperatie: het *low-profile* karakter. Van veel coöperaties zijn doorgaans wel de producten plaatsbaar, maar niet de bedrijfsnaam. Dit is tevens een factor die tegen coöperaties werkt, vooral als coöperaties op zoek zijn naar additioneel extern kapitaal en een mogelijke beursgang overwegen. In dat geval zal immers de naamsbekendheid een belangrijke bijdrage moeten leveren aan het 'publiek worden'.

De coöperatie

De coöperatieve organisatievorm is met name in de agrarische sector tot wasdom gekomen (zie ook kader 2). Onder een coöperatieve onderneming verstaan we een economische samenwerkingsvorm van ondernemingen, die een gedeelte van de individuele ondernemingsactiviteiten voor gezamenlijke rekening en risico blijvend uitvoeren, met behoud van de zelfstandigheid van alle overige delen van de onderneming.

Het doel van de coöperatie is de waarde van de producten van de deelnemende ondernemingen op de markt te maximaliseren, dan wel de inkoopkosten van de bij de coöperatie aangesloten leden te minimaliseren. Gemaakte winsten worden voor het overgrote deel naar de leden teruggesluisd. Daarmee is een coöperatie in feite een hulpmiddel om het resultaat van een bij een coöperatie aangesloten zelfstandige ondernemingen te verbeteren.

2 Het verschijnsel coöperatie

Nederland kent enkele duizenden coöperaties. Veel boeren en tuinders zijn bij meerdere coöperaties aangesloten. Zo zijn er coöperaties op het terrein van het landbouwkrediet, de aan- en verkoop, de verwerking en de afzet. Voorts kent de BV Nederland een fors aantal onderlinge verzekeringsmaatschappijen die op hun beurt in overkoepelende organen zijn ondergebracht. In totaal bieden de coöperaties aan meer dan 50.000 mensen werk. Samen genereren de coöperaties ongeveer NLG 25 miljard aan omzet per jaar. Het aantal lidmaatschappen in coöperaties loopt al twintig jaar gestaag terug.

Omdat een coöperatie een ondernemingsvorm is waarbij het bestuur afhankelijk is van de leden, is het voor het bestuur vrijwel onmogelijk om op eigen houtje doelstellingen te formuleren. Het zijn de activiteiten van de leden die als het ware de doelstellingen van de coöperatie voorschrijven. De coöperatie heeft geen eigen doelstellingen, maar krijgt van de leden een 'opdracht' mee. Veranderen de activiteiten van de leden, dan veranderen de doelstellingen van de coöperatie. Blijven de leden bij hun leest, dan blijven de aanvankelijke doelstellingen onveranderlijk van kracht.

Dit min of meer 'afhankelijke' karakter van de coöperatie komt de flexibiliteit in opereren niet ten goede. De coöperatie kan bijna nooit een nieuwe productierichting inslaan als de leden hiervoor niet de ruimte bieden. Dit beperkt het vermogen om flexibel op veranderende omstandigheden te reageren. De relatie tussen de leden en de coöperatie vormt een belangrijke variabele in het strategische beleidsvormingsproces van coöperaties.

Concentratie

Het economische landschap van de Europese zuivelindustrie bestaat uit twee marktpartijen: particuliere ondernemingen en coöperatieve ondernemingen. Particuliere ondernemingen vormen, anders dan coöperatieve ondernemingen, niet het verlengstuk van in economisch opzicht zelfstandige actoren. Unilever, Nestlé (Zwitserland), Besnier (Frankrijk), BSN (Frankrijk), Wessanen, Perrier (Frankrijk) en Nutricia/Numico zijn particuliere zuivelondernemingen. In 1995 behoorden twee Nederlandse zuivelcoöperaties tot de grootste zuivelcoöperaties in de wereld (omzet tussen haakjes): Campina Melkunie (ongeveer NLG 6,5 miljard) en Coberco (ongeveer NLG 3,8 miljard). Campina Melkunie haalde op dat moment 46 procent van de omzet uit het buitenland tegen Coberco 56 procent.

De competitiviteit van de Nederlandse zuivelcoöperaties staat sinds de tweede helft van de jaren '80 onder zware druk. Dit is het gevolg van verschillende ontwikkelingen:

- Concentratie.
- Internationalisatie.
- Een door consumentengedragsveranderingen geïnitieerde accentverschuiving in het werkterrein van zuivelondernemingen (van 'bulk'-producten naar 'specialty'-producten).

Deze ontwikkelingen hebben de aard en de intensiteit van de concurrentiestrijd ingrijpend gewijzigd. De Europese zuivelindustrie heeft lange tijd kunnen profiteren van de voordelen van schaalvergroting en de daardoor teweeggebrachte kostenverlaging. Vooral vanaf de tweede helft van de jaren '80 is er sprake geweest van schaalvergroting. Ook Nederlandse zuivelcoöperaties waren in het midden van de jaren '80 van mening, dat hun omvang te gering was in vergelijking met de snel groeiende binnenlandse en buitenlandse particuliere concurrenten.

Gedurende de periode 1983 tot en met 1994 is de productie bij de zuivelondernemingen in de Europese Gemeenschap per jaar met ongeveer 2,5 procent toegenomen. De groei van de consumptie bleef hier sterk bij achter; deze bedroeg in dezelfde periode 0,5 procent. Het gevolg hiervan was overcapaciteit en een felle concurrentie om marges en marktaandeel. De productietoename is bovendien hand in hand gegaan met een stijging van de productiviteit. In de toekomst zijn er dus minder zuivelondernemingen nodig. Een aantal marktpartijen zal het toneel moeten verlaten. Het alternatief is het aangaan van al dan niet vrijwillige samenwerkingsverbanden in de vorm van semi-integraties (joint ventures en deelnemingen) dan wel fusies en overnemingen. Alleen langs deze weg valt voor een (te) kleine zuivelonderneming een schaalgrootte te bereiken die de betreffende zuivelonderneming in staat stelt het hoofd boven water te houden.

3 Krachtenveld

De leiding van coöperaties wordt omgeven door uiteenlopende krachten in het bijzonder afkomstig van of uit:

- De leden
- Het coöperatieve bedrijf
- De markt
- De concurrentie
- (Trans)nationale overheden

Dit is de ene kant van het verhaal. Pas bij een voldoende schaalgrootte kan een aanvang worden gemaakt met het doorvoeren van rationalisatie-operaties. De andere kant van het verhaal is dat zuivelondernemingen om mee te kunnen blijven spelen in de internationale concurrentiestrijd, moeten blijven investeren in nieuwe technologieën. Dit betekent dat risicovolle diepte-investeringen uitgevoerd moeten worden. De noodzaak van 'omvang' komt daarbij wederom om de hoek kijken: omvang om de aanzienlijke diepte-investeringen op te kunnen brengen en omvang om de risico's te delen die dergelijke investeringen met zich meebrengen. Het bereiken van een voldoende omvang kan geschieden via samenwerkingsverbanden en strategische deelnemingen of door fusies en overnemingen. Bijgevolg: voortgaande concentratie.

Naast de concentratie in de Europese zuivelindustrie is er sprake van een concentratie in de Europese levensmiddelenhandel. Grensoverschrijdende distributie-overeenkomsten markeren een ontwikkeling in de richting van multinationale samenwerkingsverbanden van levensmiddelenondernemingen. De onderhandelingsmacht van de levensmiddelenhandel zal bij een minder snel toenemende concentratie in de zuivelindustrie in de naaste toekomst meer dan proportioneel toenemen. Het openen van de Oost-europese grenzen doet daarenboven nieuwe aanbieders op de markt voor zuivelproducten verschijnen. Ook dit versterkt de onderhandelingspositie van de detailhandel. Deze trendmatige ontwikkelingen dwingen multinationale zuivelondernemingen tot een heroriëntatie op de tot dusver gevoerde strategieën jegens hun afnemers.

Internationalisatie

Zowel nationaal als internationaal worden door zuivelondernemingen veel activiteiten geëntameerd. Op de Europese markt wordt frequent gefuseerd, overgenomen en samengewerkt. Naast nationale samenwerking wordt ook internationaal gewerkt aan het uitbreiden van de samenwerkingsnetwerken. Het is in dit kader opvallend dat de Franse zuivelondernemingen niet zelden samenwerkingsverbanden onderhouden met buitenlandse partijen die vooraleerst beogen van elkaars distributiekanalen gebruik te maken (i.e. een afzetstrategie).

Nederlandse zuivelondernemingen als Wessanen, Friesland Dairy Foods en Campina Melkunie voelen zich conform de Franse (maar ook Britse) zuivelondernemingen al jaren te groot voor de Nederlandse zuivelmarkt. Zij bereiden zich via strategische samenwerkingsverbanden en directe buitenlandse investeringen actief voor op het integreren van de internationale zuivelmarkten. In een Europese markt zonder institutioneel afgepaalde grenzen is het noodzakelijk een bepaalde kritische massa te hebben.

De omvang van de voornoemde drie ondernemingen mag dan voor Nederlandse begrippen groot zijn, in internationaal opzicht gaat het om zuivelondernemingen met een relatief bescheiden omvang. Hetzelfde geldt voor veel zuivelondernemingen uit andere Europese lidstaten. De afgelopen jaren zijn dan ook diverse grensoverschrijdende fusies, acquisities en samenwerkingsverbanden geëffectueerd. Het zijn met name de grote particuliere ondernemingen die via overnemingen in binnen- en buitenland proberen hun draagvlak en marktpositie te versterken.

Specialties in plaats van bulk

Zuivelproducten kunnen onderscheiden worden naar de mate van gedifferentieerdheid van de betreffende producten. Ongedifferentieerde zuivelproducten als consumptiemelk, kaas, boterolie en melkpoeder noemen we 'bulkproducten'. Gedifferentieerde zuivelproducten als verse roomproducten 'specialties'.

Tot het midden van de jaren tachtig concentreerden de grote zuivelondernemingen zich op de productie van bulkproducten, om op die manier de melkaanvoer weg te werken. Een belangrijk voordeel daarbij was dat de zuivelondernemingen de wind uit Brussel in de rug hadden: voor bulkproducten als melkpoeder, kaas en boter golden zogenaamde 'garantieprijzen'. Door een verruiming van het besteedbaar inkomen verschoven de consumentenvoorkeuren echter steeds meer naar gedifferentieerde zuivelproducten. Voorts worden de garantieprijzen door Brussel langzaam afgebouwd, met alle gevolgen van dien voor de felheid van de concurrentiestrijd onder de leveranciers van bulkproducten. We zien dan ook een accentverschuiving in het beleid van veel zuivelondernemingen plaatsvinden: van producten met een lage toegevoegde waarde naar producten met een hoge(re) toegevoegde waarde.

Strategievorming

In de Europese zuivelindustrie vallen verschillende concurrentiepatronen waar te nemen. We kunnen een onderscheid maken tussen drie strategieën. Sommige zuivelondernemingen concurreren op basis van volumemaximalisatie. Andere zuivelondernemingen hanteren een concurrentiestrategie, uiteenvallend in concentratie op een bepaalde geografische markt (i.e. de 'geografische concentratiestrategie') dan wel op een specifiek product (i.e. de 'productconcentratiestrategie').

Volume maximalisatie
Voordat de melkcontingentering in 1984 werd ingevoerd, streefden zuivelondernemingen naar het maximaliseren van het volume van (bij voorkeur ongedifferentieerde) zuivelproducten. Na de melkquotering werd een merkartikel steeds vaker als een bron van een concurrentieel voordeel gezien. 'Melk' werd niet langer uitsluitend beschouwd als een product gericht op primaire behoeftenbevrediging (drinken), maar verschoof onder invloed van marketinginspanningen steeds meer naar de secundaire en tertiaire behoeftenbevrediging (gezondheid, sportief imago en dergelijke). In lijn daarmee begon de aandacht voor de consument toe te nemen. Het accent in de concurrentiestrijd verschoof van het opbouwen van een sterk productieapparaat naar het opbouwen van een sterk marketingapparaat en de daarbij behorende sterke merkenportefeuille. Met andere woorden: een verschuiving van het produceren

en distribueren van massaproducten c.q. bulkproducten, naar het marketen van merkartikelen c.q. 'specialty'-producten.

Geografische concentratiestrategie

Onder een geografische concentratiestrategie versta ik de concentratie van een onderneming op een regio, bijvoorbeeld een land. Wessanen heeft jarenlang een geografische concentratiestrategie gehanteerd. Wessanen concentreerde zich in het bijzonder op de Verenigde Staten.

Waar de Franse, Engelse en Nederlandse zuivelondernemingen actief zijn in het entameren van grensoverschrijdende internationale activiteiten, concentreren de Duitse ondernemingen zich vooralsnog op hun thuismarkt. Het bewerken van andere markten dan de thuismarkt vindt hoofdzakelijk via export plaats. Dit onderstreept de oriëntatie op de moedermarkt, hetgeen, gezien de omvang van deze markt, niet verwonderlijk is.

Productconcentratiestrategie

Multinationale zuivelondernemingen kunnen ook een productconcentratiestrategie voeren. De ondernemingen leggen zich dan toe op de productie van één, dan wel meerdere producten met een hoge toegevoegde waarde. Door specialisatie in bijvoorbeeld kazen wordt een hogere toegevoegde waarde gerealiseerd. Kazen hebben een hogere toegevoegde waarde dan andere melkproducten. Kaasproducenten zijn in staat een hogere melkprijs te betalen dan ondernemingen die een ongedifferentieerd productenpakket aanbieden. Het gaat bij het aanbieden van gedifferentieerde zuivelproducten met een hoge toegevoegde waarde vaak om kleine zuivelondernemingen. De gedifferentieerde productconcentratiestrategie was tot voor kort een waarborg voor de continuïteit van kleine zuivelondernemingen.

Opvallend is nu dat multinationale coöperatieve zuivelondernemingen zich in de regel toeleggen op de productie van bulkproducten (i.e. consumptiemelk, melkpoeder en boter), terwijl multinationale particuliere zuivelondernemingen zich in de regel toeleggen op de productie van zuivelproducten met een hoge(re) toegevoegde waarde (zoals kaas en versproducten).

4 Hoe concurreren?

Geografische en productconcentratiestrategieën zijn in de mondialiserende zuivelindustrie de strategieën waarmee zuivelondernemingen de concurrentiestrijd kunnen beslechten, omdat vrijwel alle multinationale zuivelondernemingen - ongeacht de juridische structuur - een omvang hebben die hen in staat stelt een volumestrategie te implementeren. Zelfs traditioneel ongedifferentieerde zuivelproducten moeten vandaag de dag langs gedifferentieerde weg (via marketingstrategieën: denk aan de opvallende en humoristische reclamecampagnes voor het ongedifferentieerde zuivelproduct melk) worden afgezet. Volledigheidshalve: ook voor geografische en productconcentratiestrategieën geldt dat een minimaal volume nodig is om in de toekomst de steeds feller wordende internationale concurrentiestrijd het hoofd te bieden.

De 'strategiepiramide' geeft aan, dat een minimaal volume noodzakelijk is voor een succesvolle implementatie van een geografische dan wel productconcentratiestrategie. De omgekeerde vorm (zie kader 5) van de piramide duidt aan dat specialisatiestrategieën vandaag de dag belangrijker zijn dan volumestrategieën.

5 Strategiepiramide

Volume maximalisatiestrategie

Geografische concentratiestrategie   *Productconcentratiestrategie*

Een nevenvoordeel van een 'gespecialiseerde strategie' - in plaats van een 'bulkproducten'-strategie - is dat de zuivelondernemingen zich eveneens voor een groot deel aan de invloed van Brussel kunnen onttrekken. De landbouwpolitiek van de Europese Gemeenschap is vooral van invloed op producten die moeilijk dan wel niet door middel van merkartikelen zijn te differentiëren.

---

6 Merkartikelen

Twee bekende buitenlandse zuivelondernemingen die de laatste jaren in Nederland opvallend hard aan de weg timmeren zijn Yakult en Danone. Yakult is een Japans voedingsmiddelenbedrijf dat in Nederland sinds enkele jaren een zogenaamd darm-floraproduct op de markt brengt, het Yakult-zuiveldrankje. Volgens gegevens van Yakult worden er iedere dag in Nederland ongeveer 100.000 flesjes Yakult verkocht. De Nederlandse Yakult-fabriek staat in Almere en geeft aan ruim honderd mensen werk. De Nederlandse vestiging is de eerste vestiging van Yakult in Europa. Yakult is een van de meest succesvolle productintroducties van de afgelopen jaren. De concurrentie heeft inmiddels gereageerd. Mona heeft een met Yakult te vergelijken drank (Vifit) op de markt gebracht en daarmee de markt (en de concurrentiestrijd) voor gezondheidsdrankjes aanmerkelijk verruimd.

Ook het Franse Danone reageerde vrij snel op de introductie van Yakult. Het drankje van Danone heet Actimel. Danone is in Nederland bekend geworden met dure kwaliteitsproducten die achter charmante namen schuilgaan. Danone is *de* merk-artikelenfabrikant pur sang. Bekende producten van Danone zijn luxe kwark-soorten, zoete dessertspecialiteiten en bakklaar deeg (Danerolles). De producten van Danone hebben een opvallend hoge naamsbekendheid.

Zuivelcoöperaties en internationaal concurrentievermogen

In het kader van de veranderingen in de strategievorming in de zuivel-industrie is het van belang de Nederlandse zuivelcoöperaties te positioneren op het schaakbord van de Europese zuivelindustrie. Centraal staat daarbij de vraag: wie zijn de meest wendbare partijen in de mondialiserende zuivelindustrie? Wie zijn, met andere woorden, de koninginnen, torens, paarden, lopers en pionnen?

Doorslaggevend voor de concurrentiestrijd op concernniveau is het gemak waarmee een onderneming in staat is ontwikkelingen die de concurrentiestrijd beslechten, aan te zwengelen en/of het gemak waarmee die onderneming kan reageren op ontwikkelingen in de economische, sociale, psychologische en politieke omgeving (ontwikkelingen die dus geactiveerd worden door respectievelijk andere concurrenten, consumenten en instituties als de Europese Gemeenschap en de WTO - voorheen GATT). Het gaat met andere woorden om de flexibiliteit van een onderneming in de concurrentiestrijd. De flexibiliteit van een zuivelonderneming heeft drie dimesies. We kunnen een onderscheid maken naar financiële flexibiliteit, productportfolioflexibiliteit en bestuurlijke flexibiliteit.

Financiële flexibiliteit

De financiële flexibiliteit van multinationale particuliere ondernemingen is aanzienlijk groter dan de financiële flexibiliteit van multinationale coöperaties. Het eigen vermogen van de grootste Nederlandse zuivelcoöperaties is al jaren lager dan een kwart van het totale vermogen (ter vergelijking: het eigen vermogen van Unilever, Wessanen en Nutricia/Numico schommelt sinds enkele jaren rond de vijftig procent van het totale vermogen).

Er zijn verschillende manieren om het eigen vermogen van de zuivelcoöperaties te vergroten. Eén manier is een deel van de melkgelden te reserveren. Leden-boeren zijn hier nooit voorstander van geweest, omdat toepassing van deze strategie het voor de leden onmogelijk maakt op eenmaal aangelegde reserves aanspraak te maken. Ook het voeren van een streng melkprijzenbeleid kan culmineren in een verruiming van het eigen vermogen. Een derde manier om het eigen vermogen van de zuivelcoöperaties te vergroten, heeft betrekking op het uitvoeren van een papieren exercitie: het omzetten van de ledenrekeningen (vreemd vermogen) in eigen vermogen. De ledenrekeningen maken gemiddeld tien procent van het balanstotaal van een zuivelcoöperatie uit.

Feit blijft evenwel dat de eigen-vermogensposities van de particuliere ondernemingen buiten bereik blijven. Daarmee wordt het vermogen om kostbare uitdagingen als (internationale) overnemingen te effectueren door een institutionele factor - de juridische structuur - beperkt. Ondernemingen als Unilever, Nestlé of BSN zijn bereid en in staat twintig tot dertig maal de winst te betalen voor een buitenlandse zuivelonderneming. Campina Melkunie en Coberco zullen dit *mutatis mutandis* nooit op kunnen brengen.

Productportfolioflexibiliteit

Multinationale zuivelcoöperaties hebben daarnaast een geringere productportfolioflexibiliteit, omdat de basisgrondstof van de eindproducten altijd gelieerd moet zijn aan melk. Dat is voor de leden-boeren immers de belangrijkste overweging om lid te zijn van een zuivelcoöperatie. Men is namelijk op deze manier verzekerd van de afname van de melkproductie. De aard van de productportfolio ligt daarmee vast. De marges om te diversificeren zijn voor zuivelcoöperaties dan ook uitermate smal.

Multinationale particuliere zuivelondernemingen hebben daar in het geheel geen last van. Zij zijn niet noodzakelijkerwijs gebonden aan de grondstof melk, hetgeen hen meer mogelijkheden geeft tot productdiversificatie en daarmee stabilisatie van kasstromen alsmede het exploiteren van andere, wellicht aantrekkelijker product/marktmogelijkheden.

Bestuurlijke flexibiliteit

De bestuurlijke flexibiliteit van multinationale particuliere zuivelondernemingen is groter dan die van multinationale zuivelcoöperaties. Dit is andermaal het gevolg van de juridische structuur van het organisatieverband: de leden van een coöperatie hebben een manifeste invloed op het formuleren en implementeren van het strategische beleid.

Multinationale particuliere zuivelondernemingen kennen een duidelijke scheiding tussen leiding en eigendom. Daardoor is er (in de regel) geen sprake van belangenverstrengelingen. Bij multinationale zuivelcoöperaties is dit geheel anders. Productdiversificatie, maar ook geografische expansie druisen niet zelden in tegen datgene wat de leden-boeren wensen. Boeren zijn vooral geïnteresseerd in de hoogte van de melkprijs. Beleidsaangelegenheden als 'strategie' en 'marketing' zijn in hun ogen van secundair belang. Het is bijvoorbeeld opvallend dat ambitieuze promotiecampagnes - die in de ogen van leden-boeren geld kosten - regelmatig onder invloed van leden-boeren niet ten uitvoer worden gebracht. Dergelijke marketingstrategieën hebben namelijk, overeenkomstig de redenering van de leden-boeren, een opwaarts effect op de kostprijs van de melk.

De groei van de (niet alleen grote) zuivelcoöperaties naar (nog) grotere economische eenheden is - uitzonderingen daargelaten (zie kader 7) - niet gepaard gegaan met een aanpassing van de bestuursstructuur. Naarmate een zuivelcoöperatie groeit en internationaal activiteiten begint te ontplooien, zal de problematiek waarmee de zuivelcoöperatie geconfronteerd wordt hoe langer hoe meer verschuiven van lokale en nationale naar internationale vraagstukken. Deze vraagstukken vergen een meer professionele management-, bestuurs- en financiële structuur.

Waar de leden-boeren een concrete bijdrage kunnen leveren met betrekking tot regionale en wellicht nationale vraagstukken, zullen internationale vraagstukken door een professioneel management vanuit een positie van financiële kracht aangevat en opgelost moeten worden.

Kortheidshalve: zuivelcoöperaties zijn in de internationale concurrentiestrijd minder flexibel (en daardoor kwetsbaarder) dan particuliere zuivelondernemingen. Op het schaakbord van de Europese zuivelindustrie zijn de Nederlandse zuivelcoöperaties dan ook de pionnen. De particuliere zuivelondernemingen zijn de koninginnen, torens, paarden en lopers van het economische mededingingsproces. De flexibiliteit van de coöperatieve zuivelondernemingen is door de juridische structuur uiterst beperkt. De coöperatieve organisatievorm zal dan ook vroeg of laat op de helling moeten.

Conclusie

De concurrentiële voordelen van de Nederlandse zuivelondernemingen liggen nog steeds besloten in de door hen aangeboden bulkproducten. De daarmee in de loop der jaren opgebouwde ervaringsvoorsprong heeft geleid tot lage kosten per eenheid product. In zeker opzicht kan hier - in vergelijking met omringende landen - van een comparatief voordeel worden gesproken. In een internationaliserende kopersmarkt die het verzadigingsniveau heeft bereikt en waarbij de prijzen voortdurend in neerwaartse richting worden bijgesteld, zal echter vooreerst via sterke merknamen geconcurreerd moeten worden.

De mogelijkheden om via lage kostenstrategieën te concurreren zullen na verloop van tijd - ongeacht de daarmee opgebouwde hoeveelheid ervaring (de achterliggende rationale van een lage kostenstrategie) - uitgeput raken. Ondernemingen die lage kostenstrategieën voeren, zullen namelijk geconfronteerd worden met de Wet van de Afnemende Meeropbrengsten. Een concurrentiestrategie, geënt op het aanbieden van (steeds weer nieuwe) sterke merknamen zal minder snel met de Wet van de Afnemende Meeropbrengsten geconfronteerd worden, omdat de verzameling differentiatiemogelijkheden veel omvangrijker is.

De achilleshiel van de Nederlandse zuivelcoöperaties is een gebrek aan eigen vermogen (en daarmee financiële flexibiliteit) en - door de significante invloed van de niet marktgeoriënteerde maar product- en prijsgeoriënteerde boeren - een gebrekkige marketing, die tot uiting komt in het niet-bezitten van een portfolio merknamen met een internationale uitstraling. De stand van zaken in de Europese zuivelindustrie - stagnerende productmarkten, een steeds internationalere en fellere concurrentiestrijd en een minder interveniërend beleid vanuit Brussel - vereist een meer marktgedreven strategisch beleid, gericht op het ontwikkelen van zuivelproducten met bepaalde - in immaterieel opzicht onderscheidende - eigenschappen. In de toekomst zal dit onvermijdelijk moeten leiden tot de omzetting van het rigide coöperatieve regime in het flexibele nv/bv-regime. Ook de top van de snel internationaliserende en ambitieuze Rabobank is gewaarschuwd.

7 Case: de transformatie

Friesland Dairy Foods, voorheen Friesland Frico Domo, besloot eind 1994 de traditionele coöperatieve structuur te verlaten. De coöperatieve structuur werd ingeruild tegen een naamloze vennootschap met aandelen. De nieuwe, moderne Engelstalige naam gaf de fundamentele ommezwaai in feite al aan. Friesland Dairy Foods kon op die manier gemakkelijker kapitaal aantrekken. Als coöperatie kon het eigen vermogen alleen maar versterkt worden door winstinhouding. Als vennootschap kon extern risicodragend kapitaal worden aangetrokken. Ook het effectueren van internationale fusies en het aangaan van strategische samenwerkingsverbanden met buitenlandse collegae werd hierdoor vereenvoudigd.

De ongeveer 5000 leden-boeren van de coöperatie hielden overigens wel de zeggenschap: zij werden de nieuwe aandeelhouders. De binding met de oorspronkelijke achterban werd daarmee overeind gehouden. Dit was tevens de belangrijkste reden om niet naar de beurs te gaan. In dat geval zou de zeggenschap van de leden-boeren (het kenmerkende van een coöperatie) verdwijnen. In 1992 ging de eerste coöperatie - medicijnengroothandel OPG - overigens wel direct naar de Amsterdamse effectenbeurs.

De huidige situatie ziet er als volgt uit. De houdstermaatschappij Friesland Dairy Foods Holding nv telt twee dochters: Friesland Dairy Foods Nederland bv, waarin alle Nederlandse activiteiten zijn ondergebracht, en Friesland International bv, waarin alle buitenlandse activiteiten zijn ingevoerd. De Friesland Frico Domo Coöperatie is de enige aandeelhouder. De achterliggende rationale van de coöperatie is daarmee onaangetast gebleven. De bontjas werd vervangen door een ietwat modernere parka. De herstructurering heeft desalniettemin de financiële en strategische slagvaardigheid aanzienlijk vergroot. Bijkomend voordeel is dat de financiële structuur aanmerkelijk doorzichtiger is, hetgeen prettig is in turbulente tijden. Er kan dan adequater op marktsignalen gereageerd worden.

In de nieuwe situatie is de melkprijs losgekoppeld van het resultaat van de onderneming. Leden-boeren krijgen in de nieuwe situatie een marktovereenkomstige melkprijs: een prijs gebaseerd op het rekenkundig gemiddelde van de vijf hoogste prijzen die door Nederlandse melkverwerkende bedrijven in contanten wordt betaald aan hun leden/leveranciers. Een rendement op hun geïnvesteerd vermogen ontvangen zij via dividend op de aandelen A van de coöperatie en/of op de onderling verhandelbare dividendgerechtigde certificaten B, die in 1995 werden uitgegeven. De ledenaansprakelijkheid is komen te vervallen. Dit was een typische uitingsvorm van de nauwe relatie tussen de coöperaties en de leden-boeren die voor een gedeelte voor de verliezen van hun coöperatie (de gezamenlijke onderneming) aansprakelijk konden worden gesteld.

Deel IV
Multinationale ondernemingen

10
FOKKER: DE ONDERGANG VAN EEN MULTINATIONAL

Fokker is een geval apart. *Was* een geval apart, moeten we eigenlijk zeggen, want van de van oorsprong Koninklijke vliegtuigfabrikant is weinig meer over. Hoe heeft het ooit zover kunnen komen, vraag je je als trouw volger van het nieuws af? Je stuit dan vrijwel onmiddelijk op een enorme hobbel. Het 'geval' Fokker is namelijk moeilijk in objectief opzicht te analyseren. Dat heeft alles te maken met het feit dat de factor politiek altijd zo'n grote rol speelt in de vliegtuigindustrie. De vliegtuigindustrie is vooral een 'politieke' industrie, geen 'economische' industrie. En politieke wetten zijn nu eenmaal veel subjectiever dan economische wetten. Het kernvraagstuk van het 'verzinken' van Fokker is volgens mij te herleiden tot de acquisitie van Fokker door DASA. In dit hoofdstuk concentreer ik me op de dominerende argumenten die aan de Fokker-DASA-deal ten grondslag hebben gelegen. De deal die mijns inziens de doodsteek voor Fokker betekende.

Argumenten

Vier argumenten - geredeneerd vanuit Fokker - hebben steeds de boventoon gevoerd bij het vorm en inhoud geven aan de internationale samensmelting van Fokker en DASA, een *aircraft*-dochter van het grootste industriële concern van Europa, Daimler-Benz. Het ging om de volgende argumenten:
1. Het *global player*-argument. Fokker had DASA nodig om ook op langere termijn op het internationale toneel een rol van betekenis te kunnen blijven spelen. Fokker wilde een hoofdrol in plaats van een bijrol in de mondiale vliegtuigindustrie.
2. Fokker had de sterke behoefte aan een financieel draagkrachtige partner. Zonder DASA zou Fokker niet aan de ontwikkeling, productie en verkoop van een nieuwe generatie vliegtuigen zijn toegekomen.

3. DASA vormde voor Fokker het ideale Europese medium om de wurgende onzekerheid van de vliegtuigverkoop te verminderen.
4. Door met DASA samen te gaan zou een potentieel krachtige concurrent uit de markt gehaald worden. Daarmee zou de felheid van de concurrentie verminderen.

Uit deze opsomming van argumenten wordt duidelijk dat het ene argument het andere niet noodzakelijkerwijs uitsluit. De argumenten liggen eerder in elkaars verlengde.

Global player

Het eerste argument dat pleitte voor een samengaan met DASA had betrekking op de noodzaak van schaalvergroting. Schaalvergroting als remedie tegen allerhande kwalen. Fokker is lang van mening geweest dat er in de vliegtuigindustrie slechts plaats was voor een paar grote ondernemingen. Schaalvergroting als noodzakelijke overlevingsvoorwaarde voor een kleine vliegtuigfabrikant. Daarom moest Fokker zich aansluiten bij een andere, grotere vliegtuigfabrikant. Fokker moest *part of the scene* worden.

Schaalvergroting is een populair onderwerp onder managementgoeroes, industriëlen, topmanagers, consultants en wetenschappers. Schaalvergroting in de vliegtuigindustrie maakt het mogelijk vliegtuigen tegen lagere gemiddelde kosten te produceren, mits er meer van geproduceerd worden. Er kan dan bijvoorbeeld geprofiteerd worden van:

- Een betere arbeidsverdeling (bij een grotere onderneming zitten relatief meer mensen 'op de juiste stoel').
- Het goedkoper aantrekken van kapitaal (de omvang biedt meer onderhandelingsmacht tegenover de kapitaalverschaffers en de afnemers).
- Het rendabeler aanwenden van reserves (bedrijfsmiddelen kunnen efficiënter ingezet worden).

De schaalvoordelen van het samengaan van Fokker en DASA spitsten zich toe op:

- Kostenbesparingen (overlappingen konden door een betere coördinatie tussen de verschillende bedrijfsafdelingen worden voorkomen).
- Een meer consistente relatie met de afnemer van vliegtuigen (hetzelfde product kon tegen een lagere prijs en met dezelfde of een betere nazorg geleverd worden).
- Het sneller benutten van kennis (ideeën konden door de grotere financiële slagkracht sneller ten uitvoer worden gebracht, wat *first mover*-voordelen en daarmee kostenvoordelen oplevert).
- Een verbeterde planning en beheersing van de doorloopprocedure van vliegtuigen.

Als Fokker niet door DASA was overgenomen, dan zouden volgens dit argument de kosten per eenheid product in vergelijking met de grotere rivalen te hoog blijven, wat op termijn de afzet in gevaar zou brengen. Het zou voor Fokker in de toekomst steeds moeilijker worden op eigen kracht de kostprijs van de vliegtuigen te verminderen, wilde het concurrerend blijven. Fokker zou dus met een andere (grote) onderneming moeten samensmelten.

Veel verhandelingen over het vraagstuk schaalvergroting worden mijns inziens gekruid met een bloemrijk idioom. Het gemis aan schaalgrootte mag dan voor veel internationaliserende ondernemingen vooral in een periode van economische neergang zwaar tellen, in de kern raakt dit argument kant noch wal. De geschiedenis geeft diverse voorbeelden van ondernemingen die ondanks hun relatief geringe schaal, in een mondiale bedrijfstak fier overeind zijn gebleven. In de concurrentiestrijd om marges en marktaandeel gaat het niet zozeer om omvang, maar vooral om het effectief bewerken van marktsegmenten. 'Omvang' is geen voldoende en geen noodzakelijke voorwaarde om mondiaal succesvol te kunnen concurreren. Gevoelsmatig trappen we echter keer op keer in wat wel de *fallacy of composition* genoemd wordt: wat voor één onderneming of voor één bedrijfstak geldt, hoeft nog niet voor alle ondernemingen of voor alle bedrijfstakken te gelden.

Het denken in termen van *global players*, het magische woordenpaar dat in internationaal verband schuilgaat achter het begrip 'schaalvergroting', is overgewaaid uit andere economische sectoren als de auto- en de telecommunicatie-industrie. De onderscheidende kenmerken die in deze bedrijfstakken tot concurrentievoordelen leiden, centreren zich vooral rond het verschijnsel kostenefficiëntie. In de vliegtuigindustrie kan men echter bovendien de concurrentie voorblijven door een adequate dienstverlening, het snel leveren, en het toekennen van leningen om de afname van vliegtuigen te bekostigen.

Ook kan productontwikkeling vervangen worden door de in de vliegtuigindustrie nogal goedkopere productaanpassing. Bij productaanpassing in de vliegtuigindustrie gaat het bijvoorbeeld om het verkleinen of het vergroten van bestaande modellen. Vliegtuigen kunnen bovendien voor meerdere doeleinden worden ingezet. Het gebruik ervan hoeft zich niet noodzakelijkerwijs tot de burgerluchtvaart te beperken. Het grote voordeel van een dergelijke strategie is dat men kan voortbouwen op de reeds vergaarde kennis - wat de efficiëntie ten goede komt - en dat nieuwe versies vanwege hun 'afgeleide' karakter sneller beschikbaar en inzetbaar zullen zijn.

Het is voorts nog maar de vraag of door het samengaan van twee internationaal opererende ondernemingen de beoogde schaalvoordelen een voldoende compensatie zullen vormen voor de schaalnadelen, zoals het resultaat van bureaucratie, inflexibiliteit, verstoring van interne informatiestromen en het ontmoedigen van initiatief - er wordt vaak in een minder ondernemende omgeving geopereerd. Grotere ondernemingen lijken eerder inefficiënter te worden dan efficiënter. Anders gezegd: door de grotere omvang is er minder druk om efficiënter te werk te gaan. De voorbeelden liggen wat dat betreft voor het oprapen: IBM, OGEM, RSV, Philips et cetera. Het internationale samengaan met DASA deed mijns inziens het 'groter en vetter'-syndroom een stap dichterbij komen.

De keuze voor een 'grote broer' valt op het internationale toneel in zeker opzicht te begrijpen. Toch klopte de redenering als zou Fokker te klein zijn voor de wereldmarkt niet. De geschiedenis leert namelijk dat Fokker in feite altijd een kleine en succesvolle vliegtuigfabrikant is geweest. De legendarische Fokker Friendship/F-27 is tot en met het begin van de jaren '80 de kurk geweest waarop het concern dreef. Er was daarbij feitelijk sprake van een éénproductstrategie. Hoe risicovol ook, deze strategie werkte wel. Sterker nog, die eenvoudige strategie gericht op het bewerken van een klein marktsegment, heeft Fokker veel succes gebracht. Het internationale samengaan tussen Fokker en DASA viel maar moeilijk ondubbelzinnig aan de hand van het *global player-* of schaalgrootte-argument te verklaren.

---

1 Opmerking

Schaalvergroting is geen economisch panacee. Ondernemingen die via internationale fusies/acquisities groter wensen te worden, zitten in de regel minder kort op de bal, met als gevolg dat het zicht op technologische en marktontwikkelingen eerder wordt vertroebeld. Internationale schaalvergroting is vaker een last dan een lust.

Financiële slagvaardigheid

Fokker moest de financiële steun voor de ontwikkeling van een nieuwe generatie vliegtuigen, die aan het begin van de 21ste eeuw gepland was, ontberen. De grote Nederlandse banken stonden niet in de rij om nieuwe ontwikkelingsprogramma's te financieren, hetgeen ook al bleek uit de perikelen rondom de redding van DAF. Ook de Nederlandse overheid wilde niet langer miljarden guldens steken in de als financieel bodemloze put gekwalificeerde vliegtuigfabrikant. Voor de banken en de overheid was Fokker een gesloten (kas)boek.

Tegen deze achtergrond viel de keuze voor DASA en moeder Daimler-Benz enigszins te verklaren. DASA zou het voor Fokker mogelijk maken op langere termijn in technologisch opzicht bij te blijven. De enige manier om snelle technologische ontwikkelingen bij te benen, is daarin actief participeren, dat wil zeggen zelf actief aan product- en procesontwikkeling te doen. Een grotere financiële slagvaardigheid en een breder technologisch platform doen het productieve potentieel aan investeringen toenemen.

Daimler-Benz had nu eenmaal de miljarden aan financiële reserves die nodig waren om Fokker in de lucht te houden. De ontwikkeling van een toekomstige reeks regionale straalvliegtuigen leek daarmee veiliggesteld. Het samengaan met DASA zou Fokker in staat stellen op termijn tegen het maximaal haalbare technologische vermogen te opereren. Dit zou positief inwerken op de allocatie en de bezetting van de productiemiddelen en daarmee op de productiviteit. Aansluiting bij DASA zou bovendien fungeren als middel om overlappingen in de technologische ontwikkelingen te voorkomen.

De weinig genuanceerde opstelling van de Nederlandse regering blijft tot op de dag van vandaag boeien. De bewering dat het ontwikkelen van een nieuwe generatie vliegtuigen onmogelijk door de Nederlandse staat gefinancierd zou kunnen worden, is nooit echt plausibel geweest. Zo is het ook nu nog steeds onzeker om welke bedragen het feitelijk ging. Fokker heeft regelmatig beweerd dat het ongeveer 3 tot 4 miljard gulden zou kosten om een nieuwe generatie vliegtuigen te ontwikkelen, te produceren en te verkopen. Deze cijfers zijn nooit in de vorm van gedetailleerde financiële scenario's uitgewerkt/verschenen. Het ging altijd om ruwe schattingen. De Nederlandse overheid heeft zich door deze ruwe schattingen laten leiden.

Fokker moest van de overheid op basis van niet goed onderbouwde en in het geheel niet doorberekende schattingen een internationale partner gaan zoeken. Tegen deze achtergrond blijft het vreemd dat Fokker van eigenaar verwisselde. De OGEM- en RSV-affaires blijken in de BV Nederland een zeer lange schaduw te hebben. De Nederlandse overheid voelde vermoedelijk de bui al hangen en besloot daarom niet op grond van rationele argumenten, maar louter op basis van intuïtie en uiterst ruwe schattingen zich van de financiële lastpost Fokker te ontdoen. Het verklaarde andermaal niet de keuze voor DASA. Het kapitaalkrachtige Boeing kwam als partij net zo goed in aanmerking.

---

2 Opmerking

De internationale partner bestaat niet. Er zijn altijd meerdere alternatieven voorhanden. Ook nu geldt dat een goed begin het halve, zoniet hele werk is. De aan het inhuren van een researchbureau gespendeerde financiële middelen worden op middellange termijn doorgaans meer dan terugverdiend.

Het derde argument dat het samengaan van Fokker met DASA had moeten rechtvaardigen, heeft betrekking op de onzekerheid waarmee ondernemingen in de vliegtuigindustrie te kampen hebben (die onzekerheid verklaart tevens het samengaan van Boeing en McDonnell Douglas). Er zijn in de vliegtuigindustrie verschillende bronnen van onzekerheid te onderkennen:

- Annuleerproblematiek.
- Ontwikkelingskosten.
- Tragere marktgroei.

Annuleerproblematiek

Niet zelden worden op het allerlaatste moment reeds lang van tevoren verstrekte opdrachten geannuleerd. Vooral na de Golfoorlog werden veel vliegtuigfabrikanten geconfronteerd met luchtvaartmaatschappijen die hun orders annuleerden of de opleverdata uitstelden. Het ging in die gevallen veelal om ofwel marginaal opererende luchtvaartmaatschappijen ofwel om overheden die niet langer bereid waren financieel een steentje bij te dragen aan 'hun' afnemers van vliegtuigen (veel luchtvaartmaatschappijen zijn overheidsbedrijven).

Fokker heeft in het verleden diverse keren te maken gehad met deze problematiek. Het is niet denkbeeldig dat een omvangrijke annulering, of het tegelijkertijd geannuleerd worden van meerdere kleine bestellingen, het voortbestaan van een vliegtuigfabrikant als Fokker had kunnen bedreigen. Door aan de aanbodzijde de krachten te bundelen zou Fokker zijn onderhandelingspositie kunnen verbeteren, waardoor de kans op het annuleren van gedane bestellingen verkleind zou worden.

Ontwikkelingskosten

Een tweede bron van onzekerheid wordt gevormd door de ontwikkelingskosten en de lange terugverdienperiode. Het ontwikkelen van vliegtuigen kost miljarden guldens. Hoeveel de ontwikkeling van een nieuw vliegtuig of een nieuwe generatie vliegtuigen gaat kosten valt echter op voorhand moeilijk te zeggen. Vast staat dat die kosten hoog zijn. Afwijkingen van schattingen kunnen dus tot grote tegenvallers leiden. De ontwerp- en ontwikkelingskosten worden bovendien over een dusdanig lange periode terugverdiend (het *break even point* wordt vaak pas na tien tot twintig jaar bereikt), dat zelfs mammoetondernemingen als Boeing en Airbus Industrie het zich eigenlijk niet kunnen veroorloven op eigen kracht aan een dergelijk karwei te beginnen. Een internationale fusie c.q. acquisitie vermindert de onzekerheid bij de betreffende partijen. Op deze manier kan op termijn een financieel echec voorkomen worden.

Tragere marktgroei
De derde bron van onzekerheid is de steeds fellere concurrentie, aangezwengeld door de steeds tragere marktgroei. Er moeten daardoor meer vliegtuigen aan herhalingskopers worden verkocht. Vaste klanten worden met het feller worden van de concurrentiestrijd minder trouw. Zij kiezen voor de gunstigste aanbiedingen met de gunstigste randvoorwaarden. Winsten zijn daardoor niet langer gegarandeerd.

Ook het onzekerheidsargument kon de keuze van Fokker voor haar internationale partner DASA niet rechtvaardigen. Het plaatste DASA niet boven andere vliegtuigfabrikanten als Boeing. Ook de manier waarop Fokker de onzekerheid trachtte te reduceren (een internationale fusie/acquisitie) is slechts een van de - in beginsel vele - alternatieven. Fokker had ook een vergaande vorm van samenwerking - dus met behoud van zelfstandigheid - met een financieel krachtige partner aan kunnen gaan.

---

3 Opmerking

In het buitenland zijn er meerdere wegen die naar Rome leiden. Het is zaak de voor- en nadelen van die wegen voor een gegeven situatie nauwkeurig in kaart te brengen. Fusies/acquisities en samenwerkingsverbanden zijn fundamenteel van elkaar verschillende internationalisatiemedia.

Fellere concurrentie

Dat de vliegtuigindustrie gekenmerkt wordt door een felle concurrentiestrijd is met name het gevolg van:
• De transactiespecifieke investeringen.

- Het (nog steeds) relatief grote aantal gelijkwaardige concurrenten.
- Het politieke karakter van de concurrentiestrijd.

Transactiespecifieke investeringen

Het bouwen van een vliegtuig is een specifieke activiteit. De daarvoor gebruikte kapitaalgoederen zijn in de regel slechts in één richting aanwendbaar. De investeringen zijn met andere woorden 'transactiespecifiek'. Dit maakt de vliegtuigindustrie kwetsbaar. Het diversificeren van het werkterrein (lees: het spreiden van risico's) heeft geen ingang gevonden in deze bedrijfstak. De voorraad kapitaalgoederen leent zich daar eenvoudigweg niet voor. Vliegtuigfabrikanten zullen daarom onverkort met hun kernactiviteiten moeten concurreren. Zij hebben maar één pijl op hun boog. Die moet dan ook altijd doel treffen.

Gelijkwaardige concurrenten

Er zijn ook na de nationale fusie- en acquisitiegolven nog relatief veel fabrikanten actief in de vliegtuigindustrie. Zo opereren er alleen al tien multinationale vliegtuigbouwers in het segment van vliegtuigen met ongeveer 50 zitplaatsen, een van de door Fokker bewerkte segmenten. Dit heeft vooral in het begin van de jaren '90 (mede door de lage economische groeicijfers) tot een steeds fellere concurrentiestrijd geleid. Door samen te gaan met DASA zou één concurrent (DASA) uit de markt worden genomen.

Politieke belangen

Voorts staan er grote politieke belangen op het spel. Naast financieel kapitaal en *human capital* beschikken veel vliegtuigfabrikanten over 'politiek' kapitaal. Waar echter Amerikaanse, Britse, Franse, Italiaanse en Duitse vliegtuigfabrikanten door omvangrijke beschermde thuismarkten (lees: overheidsopdrachten) worden gesteund, moest Fokker een dergelijke steun (lees: een verzekerde afzet van vliegtuigen) ontberen. De directe concurrenten van Fokker beschikten over meer politiek kapitaal.

De steeds fellere concurrentiestrijd verklaarde het samengaan tussen Fokker en een andere vliegtuigfabrikant. De keuze voor juist DASA was wederom onduidelijk. Het samengaan met DASA was geen noodzakelijke voorwaarde voor het waarborgen van de levensvatbaarheid van Fokker op lange termijn. Ook op dit punt is het onbegrijpelijk waarom Fokker voor DASA en niet voor bijvoorbeeld Boeing koos. Voor het lukraak diversificerende Daimler-Benz, de moeder van DASA (op het moment dat het Fokker overnam een bij elkaar gekochte niet als eenheid opererende verzameling vliegtuigfabrikanten), was Fokker (als traditionele, niet-diversificerende vliegtuigfabrikant) een enigszins vreemde eend in de bijt.

In dergelijke gevallen is het gemakkelijker om - indien de economische omstandigheden daartoe aanleiding geven - de financiële kraan dicht te draaien. Dat was bij Boeing veel lastiger geweest. Boeing is een vliegtuigfabrikant, Daimler-Benz wilde een vliegtuigfabrikant worden. In het eerste geval snijdt men niet zo gemakkelijk in het eigen vlees. Men denkt er in ieder geval wat langer - en daardoor vaak beter - over na.

---

4 Opmerking

Internationale fusies dan wel acquisities moeten bij voorkeur met ondernemingen die in dezelfde bedrijfstak werkzaam zijn, worden geëffectueerd. De kans dat een van de partijen er in dat geval de brui aan geeft is veel kleiner. Voor vele ondernemingen zijn internationale fusies/acquisities een 'ver-van-hun-bed-show'. Voordat internationale partners het beseffen liggen ze naast een niet gewenste partner. Sommige internationaliserende ondernemingen liggen daardoor snel buiten het bed dat zo warm en behaaglijk kan zijn. Bezint eer ge begint, lijkt ook hier het motto te zijn.

Tot slot

Fokker was door de overneming een onderdeel van Daimler-Benz geworden. Daardoor was Fokker uiterst kwetsbaar geworden voor wat we in jargon wel 'portfolio-management' noemen. Voor Daimler-Benz was Fokker een van de vele bedrijfsonderdelen. De leiding van Daimler-Benz handelde van meet af aan niet vanuit de optiek van de werkmaatschappijen, maar vanuit de concern-optiek. De tot vlak voor de ondergang alom bejubelde positie van Fokker als leidende vliegtuigbouwer voor regionale straalvliegtuigen stond en viel met andere woorden bij wat de leiding van Daimler-Benz besliste.

De positie van Fokker stond als gevolg van de verslechterende economische condities al snel ter discussie. In feite had Fokker geen been om op te staan. Immers, de top van Daimler-Benz was al jaren bezig om het concern 'mondialer' en slagvaardiger te maken. De leiding van Fokker kon wel beweren dat Daimler-Benz geen invloed had op de uitvoering van het strategisch beleid van Fokker, maar dat was natuurlijk wel een heel vreemde kijk op de werkelijke gang van zaken. Fokker *was* immers Daimler-Benz. Een wisseling van de wacht aan de top van Daimler-Benz (Reuter werd vervangen door Schrempp) deed de rest. Het betekende de ondergang voor Neêrlands zoveelste nationale trots, alle inspanningen van de curatoren en minister Hans Wijers ten spijt.

---

5 Slotopmerking

Asymmetrie in omvang werkt - vooral internationaal - vaak tegen de kleinere partij. De grotere partij heeft zowel bestuurlijk als financieel de touwtjes in handen. Dat betekent dat de leiding van de grotere partij op gezette momenten de touwtjes fors aan kan trekken. Voor de kleinere partner niet zelden iets te strak. Ook Fokker kon zich niet uit de wurggreep van Daimler-Benz bevrijden. Het advies op het internationale toneel bij voorkeur met een soortgelijke en even omvangrijke partij in zee te gaan zou eigenlijk nooit aan dovemansoren gericht moeten zijn.

11
AHOLD: INTERNATIONALE ACQUISITIES VAN EEN KRUIDENIER

Neêrlands grootste kruidenier Ahold heeft sinds het midden van de jaren zeventig een stormachtige internationale ontwikkeling gekend. Daarbij maakte het Zaanse concern bij voorkeur van de acquisitie-strategie gebruik. Sprongsgewijze expansie is dan ook typerend voor Ahold. Het accent lag tot en met het einde van de jaren tachtig op de Verenigde Staten. Vanaf het begin van de jaren negentig komt ook het Europese continent in het vizier van de expansiespecialisten uit Zaandam. Portugal en Tsjechië zijn thans de snelstgroeiende geografische poten van Ahold.

Ahold is het prototype van een concern dat altijd onafhankelijk is geweest en dat ook in de naaste toekomst zal blijven. Het Zaanse concern heeft een volstrekt eigen identiteit waaraan men ten zeerste hecht. Sterker nog, die identiteit en de daarvoor verantwoordelijke medewerkers worden wel als de kurk gezien waarop Ahold drijft. Een acquisitie door een ander concern is vooralsnog niet aan de orde.

Ahold maakt frequent van het acquisitie-instrument gebruik. Dat is niet altijd zo geweest. De regionale/nationale oriëntatie van Ahold is hier-aan debet geweest. De groei beperkte zich lange tijd louter en alleen tot de thuismarkt. Internationaal sloeg het bedrijf niet echt zijn vleugels uit. In het midden van de jaren zeventig komt hierin verandering. Ahold werd in toenemende mate met de beperkte omvang van de thuismarkt geconfronteerd; de welbekende grenzen aan de groei. Op dat moment exploiteerde men ongeveer 600 winkels. Diversificatie genoot bepaald niet de voorkeur (te risicovol) en dus bleef over het langs internationale weg groeien in de kernactiviteiten.

1 Internationale acquisitiecriteria Ahold

Ahold maakt vanaf haar eerste grote acquisitie in de Verenigde Staten van vier acquisitiecriteria gebruik. Die criteria worden consequent op iedere internationale acquisitie toegepast. Het gaat om de volgende criteria:

1. De desbetreffende acquisitiekandidaat moet nummer één zijn in zijn marktgebied.
2. De acquisitiekandidaat moet winstgevend zijn.
3. Er moeten volop synergiemogelijkheden zijn met de andere Ahold-ketens.
4. Er moet sprake zijn van een kwalitatief hoogwaardig management.

Bron: JRC International

Daarbij had men een sterke voorkeur voor de Amerikaanse markt. Die markt leek vrij van overheidsbelemmeringen en de groeimogelijkheden oneindig groot. Dat de concurrentie moordend is, was van secundair belang, daar is men in Zaandam wel aan gewend. Het internationaal verleggen van de bakens werd niet geforceerd maar uitermate planmatig aangepakt.

Voor Ahold was internationale expansie een primaire ondernemingsdoelstelling die van grote invloed was op de continuïteit van het concern. Hele draaiboeken werden er ontwikkeld. De acquisitiestrategie had de voorkeur. Het *from scratch* opbouwen van een lokale toko zou teveel tijd en *management effort* in beslag nemen. Samenwerkingsverbanden kwamen ook niet ter sprake. Men wilde namelijk zeggenschap over de geëntameerde activiteiten.

De voortvarendheid waarmee de Ahold-top van leer trok, blijft tot op de dag van vandaag menig analist verbazen. De afgelopen twintig jaar werd een buitenlandbedrijf bijeengesprokkeld dat groter was dan het binnenlandbedrijf, traditioneel het gezichtsbepalende deel van het Ahold-concern. Het Amerika-bedrijf steekt momenteel het binnenlandbedrijf naar de kroon.

In augustus 1977 wordt de eerste keten van Amerikaanse supermarkten overgenomen. Bi-Lo was de naam van het groeifonds. Bi-Lo exploiteerde 94 discount-supermarkten en behaalde een omzet van ongeveer NLG 1 mrd. Daarmee nam Bi-Lo in de Verenigde Staten ongeveer de twintigste plaats in. Met de acquisitie was een bedrag van ongeveer $ 60 mln gemoeid. De acquisitie was een meesterzet omdat Bi-Lo van meet af aan een hogere nettomarge had dan het Nederlandse moederbedrijf. Met de inlijving van Bi-Lo zijn de verdiensten van Ahold per omgezette gulden structureel toegenomen. De Ahold-top maakte er dan ook geen geheim van dat men het Amerika-bedrijf snel wenste uit te bouwen. De expansie- en winstmogelijkheden werden zeer hoog ingeschat.

Vier jaar later werd de niet aan de beurs genoteerde winkelketen Giant Food Stores Inc. voor $ 35 mln (in contanten) overgenomen. Het ging om een bedrijf met ongeveer 1.000 vaste medewerkers aangevuld met ongeveer 1.500 part-time medewerkers. Die medewerkers genereerden in 29 supermarkten een omzet van ongeveer $ 270 mln. Giant Food Stores was actief in het oosten van de Verenigde Staten. De aandelen van Giant Food Stores waren in handen van de familie Javitch, die tevens de scepter zwaaide over het bedrijf. De familie Javitch zag in Ahold een marktpartij die de continuïteit van Giant Food Stores kon garanderen. Op eigen kracht zag men dat niet meer zitten. Men kwam in financieel opzicht eenvoudigweg lucht te kort en had vanuit die invalshoek geredeneerd weinig keus. Ahold had een meer dan solide financiële fundering en kon zekerheid voor de toekomst bieden. Ahold verkreeg uiteindelijk alle aandelen.

Voor Ahold stond van meet af aan vast dat de ketens Bi-Lo en Giant Food Stores onafhankelijk van elkaar zouden blijven opereren. Een integratie van de twee ketens was niet aan de orde. Opmerkelijk was dat de tweede keten aanmerkelijk duurder was dan de eerste keten. Ging het bij Bi-Lo nog om 8 maal de jaarwinst, voor Giant Food Stores moest al 10 maal de jaarwinst worden opgehoest. Deze ontwikkeling heeft Ahold lange tijd parten gespeeld.

Ook na Giant Food Stores bleef men de Amerikaanse markt afstropen. Ahold stond daarin niet alleen. Ook andere Amerikaanse en Europese winkelketens waren op zoek naar grote overnamekandidaten. De prijs werd daardoor aanzienlijk opgevoerd. Veel omvangrijke winkelketens die in particuliere handen waren, werden door Amerikaanse en Europese ondernemingen overgenomen. De spoeling werd snel dunner. Voor Ahold een lastige hobbel. Toch zat men niet bij de pakken neer. Ook Bi-Lo en Giant Food Stores groeiden op autonome wijze gestaag door. Niet alleen door het vergroten van de marktaandelen in de gebieden waar men al langer werkzaam was, maar ook via het betreden van nieuwe geografische markten. Voorts zochten ook deze ondernemingen naar acquisitiemogelijkheden. Het ging in dit kader om kleine winkelketens bestaande uit 5 tot 10 supermarkten. De Verenigde Staten werden ook door dergelijke initiatieven steeds belangrijker voor Ahold.

Het was niet alleen maar Amerika. Ook Europa kwam hoe langer hoe meer in de belangstelling te staan van de Ahold-top. Everaert, later opvolger van A. Heijn als voorzitter van de Raad van Bestuur, was gedurende de tweede helft van de jaren tachtig verantwoordelijk voor de internationale uitbouw van Ahold. Het was voor hem duidelijk dat Ahold in geografisch opzicht minder kwetsbaar moest worden. Men was tot dan toe maar in twee landen actief. Everaert was van mening dat het tijd werd voor een derde poot in een andere valuta dan de gulden en de dollar. De grote Westduitse markt lag daarbij in het centrum van de belangstelling. De woorden van Everaert liepen niet in de pas met zijn daden. Het acquisitievizier werd al snel weer naar de Verenigde Staten verplaatst.

First National Supermarkets

1988 was nog maar net begonnen of Ahold maakte bekend de supermarktketen First National Supermarkets over te willen nemen, volgens de Ahold-top het neusje van de zalm in retail-land. Ahold kreeg al snel de goedkeuring van de Amerikaanse autoriteiten. Het was een omvangrijke acquisitie: 15.000 personeelsleden die met 122 supermarkten een omzet van ruim $ 1,6 mrd wisten te behalen. Ter vergelijking: Bi-Lo en Giant Food Stores behaalden op dat moment gezamenlijk een omzet van ongeveer $ 1,8 mrd. Daarmee ging Ahold in de Verenigde Staten tot de top 10 van grootste supermarktketens behoren.

De acquisitie van FNS was een geografisch complementaire acquisitie: het werkterrein (noordoosten) sloot goed aan bij de werkterreinen van Bi-Lo (zuidoosten) en Giant Food Stores (daartussenin). Ahold dekte daarmee een belangrijk deel van de oostkust van de Verenigde Staten af. De acquisitie werd met liquide middelen voldaan, een voor Ahold gebruikelijke financieringsstrategie. De overname van FNS leidde in 1988 nog niet tot een hogere concernwinst. In zeker opzicht begrijpelijk, gezien de hoge financieringslasten en de steeds lagere dollarkoers. Een verbetering van het bedrijfsresultaat in lokale valuta (dollars) kon eenvoudigweg niet worden omgezet in een hoger geconsolideerd resultaat na belastingen in guldens.

Synergie

Vanaf dat moment begint bij de Ahold-top door te dringen dat de internationale spreiding van het Ahold-concern synergetische mogelijkheden te over biedt. Het moederbedrijf in Nederland hevelde kennis op het terrein van logistiek en automatisering over naar de Verenigde Staten en op haar beurt kon het profiteren van de kennis op het terrein van de inrichting van winkels van de Amerikaanse collegae. Zo werd een van de meest moderne supermarkten van Ahold in Nederland (Tilburg) opgezet overeenkomstig de meest moderne supermarkten in de Verenigde Staten.

De voordelen van de koppeling met de andere ketens van Ahold in de Verenigde Staten uitten zich op het operationele vlak vooral in de lagere inkoopprijzen en de betere uitwisseling van informatie op tal van terreinen. De logistieke en organisatorische voordelen zijn overigens beperkt gebleven, omdat de ketens daarvoor nu eenmaal te ver uiteen liggen. Het gevolg van het uitwisselen van ervaring en kennis was dat de Amerikaanse en de Nederlandse supermarkten - afgezien van enkele fundamentele verschillen in winkelformules - steeds meer op elkaar zijn gaan lijken. Dit convergentieproces maakte het mogelijk om tegen steeds lagere eenheidskosten te concurreren.

Ahold heeft na haar eerste internationale acquisitie altijd de zelfstandigheid van het zittende management gegarandeerd. De rol van het hoofdkantoor in Zaandam was vooreerst die van financier van de groei van de activiteiten van de buitenlandse dochtermaatschappijen. De bereidheid hiertoe van Ahold was in de meeste gevallen tegelijkertijd de belangrijkste reden waarom de Amerikaanse ketens voor het Ahold-concern overstag gingen. Andere Europese supermarktketens hanteerden tot op zekere hoogte eenzelfde acquisitiefilosofie. Dit gold in het bijzonder voor het Duitse Tengelmann en het Belgische Delhaize. Ook deze supermarktketens behoorden tot de top 10 van grootste Amerikaanse ketens.

Europa

De expansie op het Europese vasteland verliep bepaald niet soepel. Aan het einde van de jaren tachtig had Ahold nog steeds geen activiteiten buiten de Verenigde Staten en Nederland geëntameerd. Everaert had dan wel geopperd dat men een derde geografische poot op wilde bouwen, in de praktijk was daar nog maar bitter weinig van terecht gekomen. Enigszins begrijpelijk omdat de prijzen voor Europese supermarktketens de pan uitrezen. Ahold, toch niet een van de armste ketens, kon eenvoudigweg niet de middelen bijeenbrengen om een voet tussen de deur van de Duitse, Britse dan wel Franse markt te krijgen. De Zuideuropese markt was ook aantrekkelijk, alleen werden de daar actieve marktpartijen overwegend gekenmerkt door ondoorzichtige financiële structuren. Een klassieke en vrijwel onmogelijk te nemen drempel voor het effectueren van internationale acquisities.

Resteerde grensoverschrijdende samenwerking. Daardoor zou Ahold toch van de schaalvergroting op de Europese markt kunnen profiteren. Al snel maakte Ahold bekend dat men met het Franse Casino Guichard-Perrachon en het Britse Argyll een samenwerkingsverband zou aangaan. Het zou een losse vorm van samenwerking zijn die op termijn geconsolideerd zou kunnen worden. Ahold zag mogelijkheden voor het gezamenlijk inkopen, produceren, distribueren en verkopen (in het bijzonder de marketing) van producten. Kortom, de samenwerking zou aanzienlijke kostenvoordelen tot gevolg kunnen hebben.

De drie beursgenoteerde ondernemingen, die ongeveer even groot waren, participeerden van aanvang af op bescheiden schaal in elkaars aandelenkapitaal. Daarmee werd een zekere vorm van integratie bewerkstelligd. Het samenwerkingsverband kreeg de naam European Retail Alliance (ERA). Alle drie de ondernemingen vonden het geen mogelijke maar een noodzakelijke zet. Het opheffen van de Europese binnengrenzen zou leiden tot een verdere concentratie bij toeleveranciers, tot toenemende harmonisatie van producten en daarmee mogelijkheden voor schaalvergroting annex efficiëntieverbeteringen en mogelijkheden voor een verbeterde logistiek. Een internationaal samenwerkingsverband kon de nadelen effectiever het hoofd bieden en de voordelen beter en sneller benutten.

Het enthousiasme ebde niettemin snel weg. Al na een jaar zag Ahold in dat het weinig zin had om de samenwerking te consolideren. Everaert, net president-directeur, stelde in het personeelsblad *Flitsen* nadrukkelijk dat een te groot en te log concern zou ontstaan dat onbestuurbaar was. Een opmerkelijke mededeling van een man die nog maar een jaar daarvoor uiterst enthousiast was over de teweeggebrachte samenwerking. Ahold wilde zelfstandig blijven en wilde vanuit die positie op eigen kracht internationaal de bakens verzetten.

Everaert had vooralsnog weinig behoefte om in Oost-Europa een bedrijf over te nemen. In *Flitsen* zei hij: "Eventuele Oosteuropese activiteiten zullen een beperkt aandeel hebben in de totaalstrategie. Als het zover komt, zullen we ons beperken tot een of twee landen. Men moet dan niet meteen denken aan grote investeringen, maar aan joint ventures waarbij we als kruideniers samenwerken en waarbij hun organisatie geleidelijk wordt aangepast aan Westers model".

Portugal

Zover was het echter nog lang niet. In de Verenigde Staten deed zich de mogelijkheid voor om de supermarktketen Tops Markets over te nemen. Ahold hapte onmiddelijk toe en ondertekende snel een *letter of intent* om een en ander te effectueren. De omzet van het Amerika-bedrijf steeg met een kwart tot ruim $ 5,4 mrd.

De acquisitie van Tops Markets was een interessante deal. Het geografische werkterrein beperkte zich andermaal tot het noordoosten van de Verenigde Staten. De marketingstrategie van Tops Markets kon goed in de reeds gehanteerde marktbenadering ingepast worden. De acquisitie werd gefinancierd uit de Amerikaanse *cash flow* van Ahold, gecompleteerd met bancaire kredieten. Tops Markets kende een veelbewogen geschiedenis. Het concern was nog maar enkele jaren daarvoor via een *leveraged buy out* in handen gekomen van het management en enkele institutionele beleggers.

Pas in de zomer van 1992 lukte het Ahold om in Europa een aantrekkelijke expansie te realiseren. Ahold werd daarbij geholpen door het Belgische Delhaize, een bedrijf dat men goed kende. Delhaize stootte zijn belangen in Portugal af. De reden: men was het fundamenteel met de andere grootaandeelhouder (het Portugese Jeronimo Martins) oneens over de toekomstige marsroute van Pingo Doce, de keten waar het om ging.

Ahold reageerde bijzonder attent en nam snel een belang van 49 procent in de grootste Portugese supermarktketen. Het was een soepele transactie die in een kort tijdsbestek tot stand werd gebracht. Dat Ahold geen meerderheidsbelang verkreeg werd gecompenseerd door het feit dat de feitelijke zeggenschap over Pingo Doce werd gedeeld. Ahold verkreeg een vetorecht inzake alle strategische beslissingen c.q. beslissingen die de koers van Pingo Doce zouden raken. De goede relatie met Jeronimo Martins zou een eventuele *clash* voorkomen. De beide ondernemingen waren goede bekenden van elkaar.

Meer van hetzelfde

Met het aantreden van drs C. van der Hoeven als nieuwe bestuursvoorzitter veranderde er opmerkelijk weinig in het strategisch beleid van Ahold. Hij gaf zijn strategisch visitekaartje af gedurende de presentatie van de jaarcijfers over 1992. Daar stelde hij met klem dat Ahold ook in de komende jaren snel zou blijven groeien. Het beleid van Ahold was er op gericht een zelfstandig opererende detailshandelsorganisatie te zijn die meedraaide in de internationale eredivisie. Ahold wilde geen *niche player* zijn. Van der Hoeven opteerde voor een *low cost strategy*. De macht van het getal had de voorkeur. Voorts scherpte hij de expansiestrategie aan door te stellen dat tweederde van de expansie langs interne weg en eenderde via acquisities gerealiseerd zou moeten worden. Iedere vijf jaar zou de omzet moeten verdubbelen.

Van der Hoeven maakte al in zijn eerste maand als nieuwe topman bekend dat Ahold een claimemissie uit zou schrijven. Volgens Van der

Hoeven vooral om de vermogensverhoudingen op te krikken. De solvabiliteitspositie was door de acquisities van de afgelopen jaren danig uitgehold. Het ging in totaal om het afboeken van *goodwill* van het eigen vermogen in de orde van grootte van NLG 600 mln. Al eerder had Ahold via een achtergestelde obligatielening NLG 200 mln uit de markt gehaald. Bij nader inzien bij lange na niet genoeg, vooral afgezet tegen de ambitieuze groeistrategie van Van der Hoeven. De aankondiging van Van der Hoeven hield de gemoederen bezig, temeer daar Ahold regelmatig had beweerd alleen maar een emissie uit te schrijven als er op relatief korte termijn sprake zou zijn van een significante acquisitie. Voor de Ahold-top was er eerder sprake van een inhaalmanoeuvre. Men deed een beroep op de kapitaalmarkt om de al gerealiseerde internationale acquisities als het ware alsnog te financieren.

De waarheid lag zoals zo vaak in het midden, vooral nadat Van der Hoeven kenbaar had gemaakt veel te voelen voor een nieuwe Amerikaanse acquisitie. Er stonden meerdere potentiële overnamekandidaten op het verlanglijstje van Ahold. De koers/winst-verhouding van die ondernemingen was aantrekkelijk. De overnamedoelen pasten allemaal qua omvang, cultuur en geografische ligging bij het reeds opgebouwde Amerika-bedrijf.

In de grote landen in Europa wilde het daarentegen maar niet lukken. Een sterke marktpositie in Duitsland, Groot-Brittannië dan wel Frankrijk was niet voor het goed renderende concern weggelegd. Ahold zag nog wel mogelijkheden in de gefragmenteerde Zuideuropese markten. De interessante positie in Portugal waar men een marktaandeel van ongeveer 20 procent had, vormde daar een goed voorbeeld van.

Het Portugese avontuur was bij nader inzien een hit van jewelste. Ahold bewerkte de Portugese markt middels hypermarkten overeenkomstig het concept van de vroegere Miro - een concept dat in Nederland niet aansloeg - en supermarkten (ongeveer 100 in totaal). De hypermarkten stonden bekend onder de naam Feira Nova. In beide gevallen ging het om een succesvol concept. Het concept was dusdanig effectief dat de andere grote buitenlandse ondernemingen die eveneens in Portugal actief waren, in het bijzonder de Franse ondernemingen Carrefour, Promodes en Euromarché, het vuur na aan de schenen werd gelegd. Via enkele lokale acquisities werd al snel de derde positie in de top 3 van supermarktketens in Portugal ingenomen.

In Oost-Europa deed men het rustig aan. Ahold bezat 30 zogeheten Mana-supermarkten in Tsjechië aan het eind van 1994. De activiteiten in Tsjechië kenden relatief hoge aanloopverliezen. Maar de omzet groeide gestaag en er was sprake van een opmerkelijke toename van het aantal klanten. Dat had zeker ook te maken met de professionalisering van het lokale management. Veel Tsjechen genoten in Nederland een opleiding teneinde effectiever en slagvaardiger in hun moederland op te kunnen treden.

Na een langdurige zoek- en onderhandelingstocht werd wederom een grote Amerikaanse supermarktketen overgenomen: Red Food Stores. Het Amerikaanse bedrijf was het enige Amerikaanse belang van het Franse Promodes dat zich op het Europese vasteland wilde concentreren. Het ging andermaal om een omvangrijke acquisitie die weer volledig uit eigen middelen werd gefinancierd: 5.000 werknemers die in 55 supermarkten $ 585 mln omzetten. Red Food Stores werd geïntegreerd met de oudste keten Bi-Lo. Het marktgebied van Red Food Stores kwam namelijk in sterke mate overeen met het marktgebied van Bi-Lo.

Toekomst

De internationalisatiestrategie van Ahold heeft het concern ook de afgelopen jaren bepaald geen windeieren gelegd. Meer dan de helft van de omzet en de winst komt momenteel uit het buitenland. Toch blijft ook de thuismarkt in verschillende opzichten erg interessant. Het marktaandeel van Albert Heijn groeit ieder jaar nog steeds met enkele tienden van procenten; *target* van de Raad van Bestuur is 0,5 procent op jaarbasis. De geografische spreiding is echter onevenwichtig. Zo is Albert Heijn vooral in het westen van Nederland operationeel. Een meer gelijkmatige verspreiding zal het marktaandeel van Albert Heijn, nog steeds de grootste individuele winkelketen van Ahold, ongetwijfeld doen toenemen. Ook de efficiëntie van de bedrijfsvoering kan nog aanmerkelijk verbeterd worden.

Ahold heeft een prachtige internationale expansie gerealiseerd. Het concern heeft een hoog renderend Amerika-bedrijf weten op te bouwen, een blijvende goede gang van zaken in Europa en nieuwe initiatieven in het Verre Oosten. Voorts blijft het marktaandeel van Albert Heijn in Nederland langzaam maar zeker groeien. Een voortgaande groei van het concern lijkt daarmee in het verschiet te liggen. Het zal er de komende jaren niet rustiger op worden voor de Ahold-top.

Deel V
Columns

12
DE ONZIN VAN TRANSNATIONALE MEGAFUSIES

Niet alleen Coopers & Lybrand (C&L) en Price Waterhouse (PW), maar ook KPMG en (Moret), Ernst&Young (MEY) slaan de handen ineen. In de berichtgeving benadrukken de partijen vooral de zonnige zijde van de binnenkort plaats te hebben integraties. De mondiale megafusies komen echter niet tegemoet aan de feitelijke uitdagingen waarvoor de vier ondernemingen staan.

Dat C&L en PW alsmede KPMG en MEY samengaan is niet verrassend, want iedereen praat met iedereen in de mondiale eredivisie van multidisciplinaire accountantsgroepen. Wat opvalt is de eenzijdige kijk van de vier ondernemingen op de in de naaste toekomst te bewandelen weg. De etiketten 'synergie' en 'complementariteit' vliegen ons weer eens om de oren. De jubelstemming zit er bij de partijen goed in. Dat moet ook wel, want anders wordt het natuurlijk een hordenloop met almaar hoger wordende hekjes en daarvoor is in de regel nogal wat conditie nodig. En we weten inmiddels allemaal dat een fusietraject niet al te lang moet duren. Vooral een tot stand te brengen transnationale fusie moet het tijdens de fusie- en integratiegesprekken niet van de lange adem hebben.

Ik ben van mening dat de megafusies tussen C&L en PW respectievelijk KPMG en MEY 'verhullend' in plaats van 'onthullend' werken. De feitelijke uitdagingen waarvoor de ondernemingen zich gesteld zien worden door het in elkaar opgaan eerder groter dan minder groot. Multinationale multidisciplinaire accountantsgroepen hebben vandaag de dag al de grootste moeite om de inherente spanning tussen accountants en consultants te neutraliseren. Accountants hebben doorgaans een vaste relatie met een cliënt, terwijl organisatieadviseurs een veel lossere relatie met diezelfde cliënt hebben. Dergelijke *get-togethers* kunnen in de praktijk nogal negatief uitpakken. De organisatieadviespoot kan daarmee de relatie tussen de accountants en hun cliënten ontwrichten. Dat komt de sfeer in een multidisciplinaire accountantsfirma vaak niet ten goede. Begrijpelijk natuurlijk.

C&L en PW respectievelijk KPMG en MEY lopen voorts het reële risico met het 'Winkel van Sinkel'-virus besmet te worden. De grote accountantsgroepen mogen dan de Wet van de Grote Getallen het risicospreidende werk laten doen, het 'Winkel van Sinkel'-virus kan ingrijpende gevolgen hebben voor het imago van de nieuwe *global firms*. C&L en PW respectievelijk KPMG en MEY zijn al supermarkten, maar worden in de nieuwe situatie complete 'hypermarkets'. Er zijn prettiger bedrijfsomgevingen te bedenken. Van enige exclusiviteit is in ieder geval geen sprake meer.

De druk op de *fees* zal daardoor ontegenzeggelijk toenemen. Als cliënt zul je bovendien terdege op je hoede moeten zijn, want wellicht adviseert/controleert bijvoorbeeld PriceWaterhouseCoopers (om maar eens iets te noemen) ook wel je directe dan wel indirecte concurrent. En juist het ongrijpbare en van nature publieke karakter van het met adviseren/controleren gepaard gaande informatiecreatieproces, maakt je als cliënt buitengewoon kwetsbaar - alle verhalen over Chinese muren ten spijt.

Er zijn nog meer beren op de (doodlopende) weg te bewonderen. De multinationale accountantsgroepen hebben niet met een evenwichtige interne organisatieontwikkeling te maken. Het zijn schapen met vijf poten die intern sterk uiteenlopende groeicijfers laten zien. Het gevolg daarvan kan nogal destructief zijn, zoals we enige tijd geleden bij een concurrent van de ondernemingen, Andersen, mochten aanschouwen. Daar is nog steeds een moddergevecht van jewelste gaande tussen de top (lees: partners) van de organisatieadviespoot en de top van de accountancypoot om de hoogste posities in het invloedrijke Amerikaanse informatieconcern. Het laatste bericht is dat ze volledig uit elkaar gaan.

Alle multidisciplinaire accountancyfirma's hebben wat dit onderhoudende onderwerp betreft nog de nodige kwaliteitsslagen te maken. Ook C&L, PW, KPMG en MEY zullen de komende jaren met de nodige interne stammenoorlogen worden geconfronteerd. Van een evenwichtige harmonie in een multidisciplinaire accountancyfirma is op dit moment geen sprake, terwijl juist daar de echte winst valt te behalen. Multidisciplinaire accountancyfirma's zijn optelsommen van *stand alone* activiteiten in plaats van *interlinked* activiteiten. Ze hangen als los zand aan elkaar. De twee 'nieuwe' *global firms* zullen hier in sterke mate door worden gekenmerkt.

Andere uitdagingen die mijns inziens niet langs de weg van een transnationaal samengaan zijn op te lossen, hebben betrekking op het navolgende:
1. Hoe differentieer ik me als accountantsgroep van de concurrentie?
2. Hoe creëren we een herkenbaar gezicht naar de cliënt toe?
3. Hoe ontwikkel ik de jonge, veeleisende en kwalitatief hoogwaardige professionals (in het bijzonder accountants en consultants)?
4. Hoe waarborg ik als *global accountancy firm* de kwaliteit van de dienstverlening?

Hoe differentieer ik me als accountantsgroep van de concurrentie?
Andersen Consulting heeft zich mede om die reden van Arthur Andersen losgeweekt. Het positioneren van Andersen Consulting als *consultancy* wordt erdoor vereenvoudigd. C&L, PW, KPMG en MEY daarentegen worden nog steeds over een kam geschoren. Kortom, wat is het onderscheidend vermogen van de nieuwe combinaties?

Hoe creëren we een herkenbaar gezicht naar de cliënt toe?
Veel potentiële cliënten weten nog steeds niet wat multidisciplinaire accountantsketens op het vlak van gespecialiseerde adviesdiensten hebben te bieden. Dat ze veel aanbieden is duidelijk, maar wat nu eigenlijk precies is voor veel potentiële cliënten nog steeds een raadsel. Het feit dat C&L, PW, KPMG en MEY door velen als louter 'accountants' worden gezien, heeft veel met percepties te maken.

Accountancy verschilt echter wezenlijk van consultancy, bijvoorbeeld:
• Marktbewerkingsstrategieën van consultants zijn agressiever dan die van accountants.
• De filosofie van de marktbewerking verschilt significant. Accountants denken sterk vanuit een gesloten systeembenadering (*black box-model*), terwijl consultants eerder het open-systeem denken aanhangen.

- De geaardheid van accountants en consultants ligt mijlenver uiteen. Consultants zijn ideeën-mensen. Accountants zijn geobsedeerd door cijfers. We zien dit terug in de *output* van de beide partijen.
- Accountants hebben een volstrekt andere *input* nodig dan consultants. Hun opleiding en *on-the-job-training* heeft een veel strikter karakter. Accountants doen veel van hun kennis op tijdens hun opleiding en cursussen. Consultants daarentegen zien iedere opdracht als een casus waarvan geleerd kan (en moet) worden.

Een meer fundamenteel vraagstuk luidt dus eigenlijk: kunnen accountants en consultants wel synergetisch onder één dak functioneren? C&L, PW, KPMG en MEY laten dat essentiële vraagstuk liggen en gaan - besmet door het mondiale schaalvergrotingsvirus - over tot de orde (waan?) van de dag, namelijk het op één hoop vegen van nog meer accountants en consultants (en nog wat andere deskundigen).

Hoe ontwikkel ik de professionals?
Het verloop onder grote accountantskantoren is hoog - alle tot nog toe geëntameerde initiatieven ten spijt. Vooral senior organisatieadviseurs slaan nogal eens met de deur en geven er voordat het zo begeerde *partnership* bereikt is de brui aan. Het institutionele gebrek aan vernieuwend vermogen van kantoren als C&L, PW, KPMG en MEY is hier veelal debet aan. De declaratiedruk staat het nemen van ondernemende en grensverleggende initiatieven in de weg.

De hoge mate van door multinationale accountantsketens toegepaste standaardisatie - noodzakelijk om efficiënt te kunnen opereren - spreekt veel senior medewerkers in de loop der tijd steeds minder aan. Het deel uitmaken van wat in de wandelgangen als 'adviesfabriek' doorgaat (en de daarmee gepaard gaande negatieve imago-effecten) fungeert niet zelden als de welbekende drup om weg te gaan. Dit is een cruciale uitdaging voor alle internationaal actieve multidisciplinaire accountancy-firma's, niet in het minst vanwege de noodzaak nieuwe cliënten aan zich te binden en meer *business* uit de bestaande cliënten te genereren. Middels een transnationale fusie wordt deze uitdaging niet aangevat.

Hoe waarborg ik de kwaliteit van de diensten?
De zeer snelle groei van de afgelopen jaren heeft een zware wissel getrokken op de kwaliteit van de bemensing. De verhouding *seniors/ju-*

niors is onder grote druk komen te staan. Te weinig *seniors* (die vooral 'managen') hebben vandaag de dag te veel *juniors* (die vooral 'uren draaien') onder zich. *Total quality management*, een bedrijfsreligie waar veel consultants hun boterham mee verdienen, zal intensief op de accountancy-ketens toegepast moeten worden.

Ook de markt dwingt ze daar toe. De afgelopen jaren hebben een ontwikkeling laten zien, waarbij opdrachtgevers steeds meer willen weten over de achtergrond en kwaliteiten van de individuele professionals waarmee wordt gewerkt. Relatief onervaren professionals (en daar lopen er nogal wat van rond binnen C&L, PW, KPMG en MEY) worden nog steeds voor recordbedragen ingezet, terwijl het hier vaak in de kern gaat om werkzaamheden die ook door opdrachtgevers zelf uitgevoerd zouden kunnen worden. Met opmerkingen als 'een *junior* moet ook eens een *senior* kunnen worden', kom je er niet meer als multidisciplinaire accountancyfirma. De markt vraagt in toenemende mate om kwalitatief hoogwaardige *seniors*.

Conclusie

C&L, PW, KPMG en MEY doen precies datgene wat ze eigenlijk zouden moeten laten. In plaats van het op orde brengen van het uit vele kamers bestaande chaotische multidisciplinaire accountantshuis, wordt 'de oplossing' gezocht in een vlucht naar voren. Geen verdieping, maar een verbreding (namelijk meer van hetzelfde); geen kwalitatieve slag, maar een kwantitatieve slag; geen fundamentele zienswijze, maar ordinair pragmatisme (partners/directeuren die last hebben van het 'groot-groter-grootst'-virus) et cetera et cetera. Over *diseconomies of scale, scope* en *skills* gesproken.

Opmerking
De fusie tussen C&L en PW is wel doorgegaan. De fusie tussen KPMG en MEY is uiteindelijk afgeblazen.

13
SCHIPHOL: EUROPESE MAINPORT PUR SANG?

Schiphol is altijd al een vat vol tegenstellingen geweest. Aan de ene kant geroemd als initiator van banen, logistiek fundament van de BV Nederland, *trigger* voor buitenlandse - ondermeer Europese - multinationale ondernemingen en duiventil voor Nederlandse exporterende en direct in het buitenland investerende ondernemingen. Aan de andere kant is Schiphol bron van geluidshinder, milieuverontreiniging en transportcongestie. De economische ontwikkeling van Schiphol als Europese *mainport* voor de BV Nederland valt nu eenmaal moeilijk te verenigen met de door politiek Den Haag gestelde randvoorwaarden, te weten het verbeteren van de kwaliteit van de leefomgeving en in het verlengde daarvan liggende zaken als terugdringing van de geluidsoverlast en verhoging van de veiligheid.

De schijnbare onverenigbaarheid van de fenomenen 'economie' en 'milieu' heeft tot (zeer) veel onderzoek en adviezen geleid. Schiphol heeft mede daardoor de afgelopen decennia veel organisatie- en onderzoeksbureaus een dik belegde boterham opgeleverd. Wat opvalt aan al die rapporten is dat ze vaak een uiterst mager visionair gehalte hebben. Hetzelfde kan van de in de Tweede Kamer plaatshebbende discussies worden gezegd. De meningen met betrekking tot de naaste toekomst van Schiphol mogen dan wel uiteenlopen, het exporterende en internationaliserende bedrijfsleven heeft daar weinig belang bij. Ellenlange discussies en vele inspraakronden met allerlei belanghebbenden (je kunt het soms zo gek niet bedenken) zijn het gevolg; politieke pamfletten zijn het uiteindelijke resultaat. De keerzijde van het momenteel zo bejubelde Poldermodel zullen we maar zeggen.

De kortetermijnoriëntatie van de Nederlandse politiek is begrijpelijk, maar niet verstandig, temeer daar de internationale concurrentiestrijd tussen luchthavens niet vandaag of morgen, maar overmorgen wordt beslecht. Dat vereist het cultiveren van een langetermijnoriëntatie. Ook het in de discussies meenemen van aanpalende onderwerpen verdient aanbeveling. Schiphol wordt thans te veel als een geïsoleerd verschijnsel gezien. De discussie over een Groot Schiphol wordt hoogst zelden gelieerd aan inzichten die betrekking hebben op andere vormen van mobiliteit. Luchtvaart fascineert: het welbekende 'oogkleppensyndroom' manifesteert zich in alle hevigheid. We hebben bij de casus 'Fokker' gezien waar dat toe kan leiden [1]. Het logistieke geploeter ter land en ter zee moet nog steeds rekening houden met een positie in de schaduw van de aandacht. Politici warmen hun handen bij voorkeur aan de vlammende betogen die over luchttransport gevoerd kunnen worden. Van een gewenst *integraal* 'mobiliteitsdebat' is dan ook geen sprake.

Alleen al om deze redenen zal politiek Den Haag er naar mijn stellige overtuiging niet in slagen de 'dubbele' doelstelling te realiseren, te weten het benutten van het economische potentieel van de internationale *mainport* en het overeind houden van een aanvaardbaar leefmileu. Het ontbreekt Den Haag aan een visie hoe met dit belangrijke internationale vraagstuk om te gaan. Een teken aan de wand voor een land dat er prat op gaat 'distributieland numero uno' te zijn. Het economisch en ecologisch tussen wal en schip belanden zal voor het Nederlandse en het buitenlandse exporterende en internationaliserende bedrijfsleven een hobbel van jewelste worden. Cor Boonstra kan in dat geval de verhuisdozen weer in gaan pakken - voor de verhuizing terug naar Eindhoven wel te verstaan.

Noot

[1] Zie ook P.K. Jagersma, "De Fokker-Dasa-deal. De verkwanseling van de nationale vliegtuigindustrie", Contact, Amsterdam, 1994.

14
BARST IN NEDERLANDSE EXPORTKLOMP

Als surfliefhebber spreekt de zinssnede 'surf niet mee op de golven van trends, maar vaar je eigen koers' me bijzonder aan. Kijkend naar de situatie in Nederland valt in dit verband op dat de Nederlandse overheid geen herkenbare identiteit aan het exportbeleid heeft meegegeven. Het is onduidelijk welke koers er wordt gevaren, laat staan of er een 'eigen' koers wordt gevaren. Er gebeurt op het gebied van het ontwikkelen van een constructief exportbeleid opmerkelijk weinig. Exportbeleid moet ten dienste staan van het Nederlandse bedrijfsleven, maar lijkt ondertussen meer op een politieke zandbak waar uiteenlopende ministeries met verschillende vormpjes en schepjes in de weer zijn.

Een kwalitatief hoogwaardig exportbeleid begint niet *buiten* maar *binnen* Nederland. Een overheid die in dit kader geen risico's durft te nemen neemt naar mijn stellige overtuiging een groot risico. Het huidige exportbeleid is het politieke resultaat van veelvuldig signaleren en reageren in plaats van initiëren en in nauwe samenwerking met het Nederlandse bedrijfsleven implementeren van initiatieven. Tegen deze achtergrond is het niet opvallend dat het Nederlandse exportbeleid veel te veel aan één bewindspersoon wordt opgehangen. Er is geen visie en geen strategie voor een wat langere termijn. Individuele bewindslieden vullen dan met hun persoonlijkheid al snel de witte vlekken op. Het daadkrachtige en zelfverzekerde optreden van de vorige staatssecretaris Van Rooy maakte in dat opzicht nog het nodige goed. Het wat minder zelfverzekerde optreden van Van Dok-Van Weele laat zien dat de exportvlag eigenlijk geen lading dekt. Het breken en voortdurend bekend maken van exportrecords lijkt na het voornoemde begrijpelijkerwijs weleens een doel op zich te zijn.

De jubelstemming rondom 'Nederland Exportland' is niet terecht. De gematigde loonontwikkeling, de inkrimpende winstmarges, de voortdurende groei van de wereldhandel en een structurele verbetering van de kwaliteit en kwantiteit van de productiecapaciteit hebben tot nog toe het beeld van de almaar opgaande exportstromen bepaald. Veel Nederlandse internationaliserende ondernemingen vragen zich vandaag de dag echter terecht af of ze niet een aanzienlijk deel van hun productie naar andere, en in het bijzonder goedkooptelanden moeten overhevelen of zich versneld moeten concentreren op de productie van hoogwaardiger, minder prijsgevoelige producten waar ook in mondiaal opzicht de meeste groei in zit.

Het feit dat de Nederlandse exportgroei van kapitaalgoederen (momenteel 24 procent van het exporttotaal) en fabrikaten (12 procent van het exporttotaal) niet in de pas loopt met de groei van de wereldhandel moet ons in dit verband aan het denken zetten. Juist in deze productcategorieën valt immers meer toegevoegde waarde te bieden en zal de internationale concurrentiestrijd pas in tweede instantie op de factor prijs worden beslecht. Het Nederlandse 'exportsucces' bestaat verder in sterke mate uit wederuitvoer. Het Nederlandse exportvolume - in het bijzonder de industriële export - wordt daar significant door beïnvloed. In de periode 1995-1997 ging het bijvoorbeeld om een aandeel van ongeveer 15 procent op jaarbasis. We moeten de *spin-off* effecten hiervan - in het bijzonder voor Nederland Distributieland - overigens niet onderschatten. Wat echter precies het maatschappelijk rendement van de factor wederuitvoer is weten we niet.

Met het elkaar schouderklopjes geven schieten we niets op. Export- en internationalisatiekansen kunnen aanzienlijk beter benut worden. Van cruciaal belang is dat de kennis van en ervaring met het exporteren en internationaliseren ontsloten en gemobiliseerd wordt, want een gebrek aan kennis van en ervaring met buitenlandse markten is nog steeds de primaire *bottleneck* van ondernemingen die internationaal de vleugels voor het eerst c.q. verder wensen uit te slaan. Juist op dit vlak heeft de Nederlandse overheid de nodige inspanningsverplichtingen.

Er zal naar mijn mening een systematische en structurele dialoog tussen het bedrijfsleven en de Nederlandse overheid gevoerd moeten worden, waarbij een visie voor een langetermijn exportbeleid wordt ontwikkeld.

Die visie is thans niet aanwezig. Let wel, we spreken over 'omzetten' van ongeveer f 350 miljard (1997) op jaarbasis (grofweg de helft van ons Bruto Nationaal Produkt wordt over de grens verdiend). Het is moeilijk voor te stellen wat een strategisch exportbeleid voor een wat langere termijn voor Nederland kan betekenen. In de periode 1967/1972 wisten we de export te verdubbelen. In de daaropvolgende vijf jaar wisten we dit huzarenstukje - ondanks de gure economische tegenwind - te herhalen. Waarom zou dat anno 1998 niet meer mogelijk zijn?

15
KRITIEK OP 'ZWARTE SCHAAP' IHC CALAND MISPLAATST

De kritiek van het Burma Centrum Nederland, X min Y Solidariteitsfonds, Novib en de vakbonden CNV en FNV op IHC Caland, dat een drijvende olie-opslagplaats voor de kust van Myanmar (het voormalige Birma) wil bouwen, slaat als een tang op een varken. IHC Caland is bij monde van president-directeur J.D. Bax niet van plan een en ander te heroverwegen - in elk geval niet op advies van de genoemde maatschappelijke organisaties.

Ik geef de heer Bax geen ongelijk. IHC Caland is nu onterecht het zwarte schaap van het Nederlandse bedrijfsleven. De 'IHC Caland'-zaak maakt ander maal duidelijk dat het onderwerp bedrijfsethiek hoog op de bestuursagenda van multinationale ondernemingen (kortweg: MNO'n) hoort te staan. De internationale dimensie maakt de zaak er niet eenvoudiger op. Dat was naar mijn mening niet nodig geweest. Internationale gedragscodes voor MNO'n zijn echter van meet af aan een wassen neus gebleken.

In de jaren zeventig ageerden vooral vakbewegingen, sommige ontwikkelde landen (als Nederland) en ontwikkelingslanden, tegen de naar hun mening onbeperkte macht van MNO'n. De macht van MNO'n zou de werking van de vrije markteconomie in gevaar brengen, zo luidde vaak het argument. Hun optreden zou op treffende wijze de kwalijke facetten van het internationale monopoliekapitaal illustreren. De daaropvolgende roep - schreeuw is misschien een beter woord - van vele overheden om meer invloed, kon moeilijk door de BV Wereld worden genegeerd.

Instanties als de Verenigde Naties (VN) en de Oeso hebben lange tijd getracht de activiteiten van MNO'n aan banden te leggen. Daartoe ontwikkelde men een pakket 'gedragscodes' met een breed toepassingsbereik. Zij bouwden daarmee voort op het gedachtengoed van de Internationale Kamer van Koophandel die al in een eerder stadium (na jaren studie) de *Richtlijnen voor Internationale Investeringen* had opgesteld. De Oeso en de VN vormden in theorie ideale media voor het vastleggen van een algemeen geldend kader waarbinnen de activiteiten van MNO'n getoetst zouden kunnen worden. Ook andere, minder in het oog springende instellingen, zoals de International Confederation of Free Trade Unions, hebben specifieke richtlijnen met betrekking tot het functioneren van MNO'n opgesteld. Ook zij waren zich terdege bewust van de invloedrijke positie van diverse MNO'n in veel landen en het feit dat de activiteiten van die ondernemingen moeilijk door de plaatselijke overheid gecontroleerd konden worden.

Het beperken (en voorkomen) van fricties tussen overheden en MNO'n was niet het enige achterliggende doel van gedragscodes. Via gedragscodes werd ook geprobeerd het internationale investeringsklimaat te verbeteren. MNO'n werden op deze manier in de gelegenheid gesteld hun imago (in het bijzonder in ontwikkelingslanden) op te poetsen, hetgeen in de jaren zeventig geen overbodige luxe was. Het discussiëren over gedragscodes heeft er uiteindelijk toe geleid dat MNO'n hun eigen, interne richtlijnen gingen ontwikkelen.

De opvatting dat MNO'n als IHC Caland machtscentra zijn die zich niets van hun maatschappelijke omgeving aantrekken, dient genuanceerd te worden. IHC Caland moet zich net als alle andere ondernemingen aan de van land tot land verschillende (economische) wetgeving houden. MNO'n hebben te maken met de spelregels van nationale, regionale en lokale overheden. Het met elkaar overleggen en elkaar informeren over bepaalde aangelegenheden behoort tot de normale gang van zaken. Veel verantwoordelijkheden, zoals die met betrekking tot het milieu, zijn inmiddels gedeelde verantwoordelijkheden. MNO'n, óók IHC Caland, zijn zich hiervan bewust.

IHC Caland heeft wel regel één van wat wel *public affairs* wordt genoemd, met voeten getreden. De handelswijze van een MNO moet te allen tijde gericht zijn op wat in het maatschappelijk verkeer als aanvaardbaar wordt beschouwd. We hebben daar het mooie woordenpaar 'externe legitimiteit' voor bedacht. Wie denkt dat de 'affaire'-IHC Caland in internationaal opzicht door deze ethische dimensie een gelopen race is, komt echter bedrogen uit. Dat heeft namelijk met drie uiteenlopende zaken te maken.

1. Slechts enkele gedragscodes voor MNO'n zijn aan het papier toevertrouwd. Het toepassingsbereik van die gedragscodes omvat de praktijk van het grensoverschrijdend ondernemen in het algemeen en de effecten van de activiteiten van MNO'n in ontwikkelingslanden - als Myanmar - in het bijzonder. Zij verschaffen richtlijnen voor het investeringsgedrag van MNO'n en voor de verantwoordingsplicht annex informatieverschaffing. In het eerste geval moet het investeringsgedrag op nationale economische en maatschappelijke doelstellingen worden afgestemd. Weinig MNO'n hebben daar echter weet van en kunnen daar dus moeilijk op worden afgerekend. In het laatste geval moeten allerlei gegevens jaarlijks worden overlegd. Hier zijn MNO'n - in het bijzonder in de niet-ontwikkelingslanden - doorgaans wel van op de hoogte. Het jaarverslag van een buitenlandse dochteronderneming is hier een voorbeeld van. De bedoeling is duidelijk: het handelen en functioneren van MNO'n doorzichtiger maken.

2. Transnationale instanties (als bijvoorbeeld de Oeso en de VN) kunnen internationaal opererende bedrijven die in ethisch opzicht over de schreef gaan niet zo gemakkelijk terugfluiten, omdat MNO'n zich niet aan de gedragsregels hoeven te houden. Het niet naleven van de gedragscodes kan namelijk moeilijk gesanctioneerd worden. Het gaat niet om verdragen die door alle landen - zowel in de ontwikkelde als de onderontwikkelde wereld - worden onderschreven. Het zijn zelden transnationaal werkzame reglementen en verordeningen die op nationaal niveau in de juridische infrastructuur zijn ingebed.

3. De meeste richtlijnen hebben, als het om normen en waarden gaat, een (veel te) ruime strekking. Met andere woorden: er is niet sprake van een gekwantificeerde, ethische meetlat.

De enige vandaag ter beschikking staande strategie om naleving van internationale gedragscodes voor MNO'n te stimuleren, wordt gevormd door een combinatie van morele druk, het mobiliseren van de publieke opinie en de invloed die via de pers kan worden uitgeoefend als in strijd wordt gehandeld met de door ons allen beleden richtlijnen voor goed internationaal ondernemingsgedrag (wat dat dan ook precies moge zijn). De situatie waarin IHC Caland verzeild is geraakt, is zonder meer vervelend. Het is slecht voor IHC Caland *en* de rest van het Nederlandse, internationaal opererende bedrijfsleven.

IHC Caland loopt echter naar mijn stellige overtuiging ten onrechte een ontsierende kras op. De in de aanhef van dit schrijven genoemde maatschappelijke organisaties doen namelijk louter en alleen aan symptoombestrijding. Men zet de tanden in de gevolgen, niet in de daadwerkelijke oorzaken. Het Burma Centrum Nederland, X min Y Solidariteitsfonds, Novib, FNV en CNV zouden eigenlijk met hun kritiek in New York bij de Verenigde Naties moeten zijn. Maar als zo vaak wordt de gemakkelijke weg gekozen en IHC Caland-topman Bax mag ondertussen de brokken lijmen.

VERANTWOORDING

Hoofdstuk 1 is eerder verschenen als onderdeel van Jagersma, P.K., "Internationalisatie - Van Economies of Scale via Economies of Scope naar Economies of Skills", Inaugurele rede, Universiteit Nijenrode, Oktober 1997.

Hoofdstuk 2 is eerder verschenen in Jagersma, P.K., "Internationalisatie - Van Economies of Scale via Economies of Scope naar Economies of Skills", Inaugurele rede, Universiteit Nijenrode, October 1997.

Hoofdstuk 3 is eerder verschenen in het E-zine M@n@gement (http://management.hbp.net).

Hoofdstuk 4 is gebaseerd op Jagersma, P.K., "China: eldorado van de 21ste eeuw?", in: Internationaal Ondernemen, Nr 1, 1997.

Hoofdstuk 5 ligt in het verlengde van Jagersma, P.K., "Internationaal venture management", in: Internationaal Ondernemen, Nr 1, 1996.

Hoofdstuk 6 is ontleend aan Jagersma, P.K., "Er leiden meer wegen naar het buitenland", in: F&O, Nr 4, 1996.

Hoofdstuk 7 is gebaseerd op Jagersma, P.K., "Internationalisatie: 'Wie zacht stapt komt ver'", in: Bankwereld, Nr 1, 1999.

Hoofdstuk 8 ligt in het verlengde van Jagersma, P.K., "Het Nederlandse organisatieadvieswezen", Samsom BedrijfsInformatie, Alphen a/d Rijn, 1997.

Hoofdstuk 9 is gebaseerd op Jagersma, P.K., "Het concurrentieveld in de Europese zuivelindustrie", in: Internationaal Ondernemen, Nr 2, 1997.

Hoofdstuk 10 is ontleend aan Jagersma, P.K., "De Fokker-DASA-deal. De verkwanseling van de nationale vliegtuigindustrie", Veen, Amsterdam, 1994 en gebaseerd op Jagersma, P.K., "De ondergang van Fokker", in: Internationaal Ondernemen, Nr 1, 1997.

Hoofdstuk 11 is gebaseerd op Jagersma, P.K., "Internationale acquisities van een Zaanse kruidenier", in: F&O, Nr 10, 1995.

Hoofdstuk 12 is gebaseerd op Jagersma, P.K., "De onzin van transnationale megafusies", in: Nijenrode Management Review, mei/juni 1998 en Jagersma, P.K., "Beren op de weg", in: Elan, Augustus 1998.

Hoofdstuk 13 is gebaseerd op Jagersma, P.K., "Schiphol", in: Ondernemen in Europa, Nr 2, 1998.

Hoofdstuk 14 is gebaseerd op Jagersma, P.K., "Exportbeleid kan veel beter", in: Algemeen Dagblad, 28 februari 1998 en Jagersma, P.K., "Exportbeleid: What's in a name?", in: VNO-NCW, 1998.

Hoofdstuk 15 is gebaseerd op Jagersma, P.K., "Kritiek op Birma-order IHC Caland misplaatst", in: Algemeen Dagblad, 14 augustus, 1998 en Jagersma, P.K., "Opvattingen over multinationale ondernemingen", in: Internationaal Ondernemen, Nr 2, 1997.

OVER HET BOEK EN DE AUTEUR

Internationalisatie - Stof tot nadenken is een onderhoudend boek. Vanuit verschillende invalshoeken wordt het intrigerende fenomeen 'internationalisatie' belicht. De auteur kiest daarbij voor een kritische benadering en een offensieve schrijfstijl. Internationaliseren is bovenal een optelsom van 3 D's - Doen, Durven en Denken. De derde 'd' verdwijnt te vaak naar de achtergrond en juist op dat vlak valt voor veel ondernemingen de nodige vooruitgang te boeken.

De auteur benadrukt met klem dat internationalisatie hét wachtwoord is voor de toekomst. Zowel internationaliserende als niet-internationaliserende ondernemingen zullen zich actief op de actuele en komende ontwikkelingen moeten voorbereiden. Succesvol internationaliseren is het resultaat van een goede voorbereiding. Succesvol internationaliseren is hoogst zelden het resultaat van geluk danwel een 'toevalstreffer'. Een gewaarschuwd ondernemer telt vooral in een globaliserende omgeving voor twee.

Prof. dr. Pieter Klaas Jagersma is ondernemer, auteur en hoogleraar International Management in het bijzonder de Exportkunde aan Universiteit Nijenrode. Hij is tevens directeur van het Center for International Business van Universiteit Nijenrode.

www.ingramcontent.com/pod-product-compliance
Lightning Source LLC
Chambersburg PA
CBHW051410200326
41520CB00023B/7188